军事工程学院
教学工作档案文献选编

本书编写组 编

国防科技大学出版社
·长沙·

图书在版编目（CIP）数据

军事工程学院教学工作档案文献选编/本书编写组编. —长沙：国防科技大学出版社，2024.5
ISBN 978-7-5673-0644-8

Ⅰ.①军…　Ⅱ.①本…　Ⅲ.①军事院校—教学工作—档案资料—汇编—哈尔滨　Ⅳ.①E251.3

中国国家版本馆 CIP 数据核字（2024）第 095451 号

军事工程学院教学工作档案文献选编

JUNSHI GONGCHENG XUEYUAN JIAOXUE GONGZUO DANG'AN WENXIAN XUANBIAN

本书编写组　编

责任编辑：周　蓉　　　　　　　　　　责任校对：向　颖
装帧设计：于曼纳　　　　　　　　　　修　　图：于曼纳　陈芷怡
出版发行：国防科技大学出版社　　　　地　　址：长沙市开福区德雅路 109 号
邮政编码：410073　　　　　　　　　　电　　话：（0731）87028022
印　　制：长沙市精宏印务有限公司　　开　　本：889×1194　1/16
印　　张：16　　　　　　　　　　　　字　　数：369 千字
版　　次：2024 年 5 月第 1 版　　　　印　　次：2024 年 5 月第 1 次
书　　号：ISBN 978-7-5673-0644-8
定　　价：198.00 元

告读者：如发现本书有印装质量问题，请与出版社联系。
网址：https://www.nudt.edu.cn/press/

《军事工程学院教学工作档案文献选编》编写组

组　　长：杨波江

副组长：谭　羽　严　雷

组　　员：邓振华　李飞荣　黄　星　何　敏　周　媛

　　　　　张文磊　尚修远　王致林　韩　慧　郝泽鹏

军事工程学院第一届教学方法研究会议

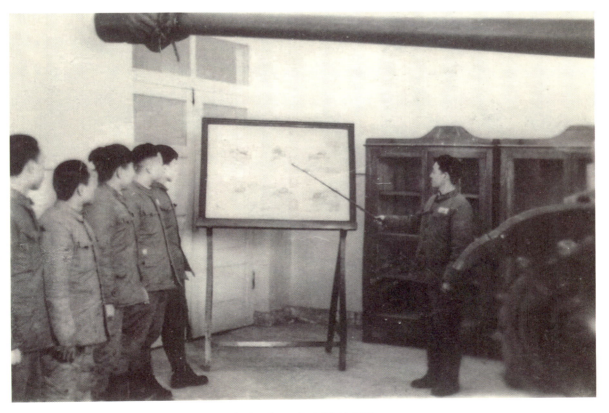

教授会组织授课试讲

预科学员进行入伍军事训练

学员向主考教员口述答题

学员毕业设计前在资料室查阅资料

学员在做毕业设计答辩

空军工程系教员给学员讲解飞机构造和性能

炮兵工程系教员给学员讲解火箭炮构造和性能

海军工程系学员在练习舰炮操作

装甲兵工程系学员在进行坦克性能检查操作

工兵工程系教员给学员讲解起重机构造和性能

导弹工程系学员在导弹阵地观看测试演示

编 写 说 明

　　中国人民解放军军事工程学院是新中国第一所高等军事工程学院，是国防科技大学的前身，因校址在哈尔滨而被简称为"哈军工"。从 1953 年至 1966 年短短 13 年里，"哈军工"为国家培养出 12000 余名德才兼备、献身国防的英才，从这里走出 100 余名将军、41 名院士。2023 年是军事工程学院创建 70 周年，为深入贯彻习近平主席训词和重要指示精神，传承发扬"哈军工"办学治校和教学育人的好经验、好做法，为国防科技大学加速创建世界一流高等教育院校提供启示，编写组深入挖掘档案文献，梳理筛选一批"哈军工"教学工作档案，汇编成《军事工程学院教学工作档案文献选编》一书。

　　本书分专题选编有关档案文献，共设教学计划、教学组织、教学经验三部分。第一部分共 5 篇，主要为教学计划和教学大纲等档案文献；第二部分共 7 篇，主要为教学组织相关制度档案文献；第三部分共 14 篇，主要为在培养学员独立工作能力、营造优良教风学风等方面积累的教学经验档案文献。每一篇档案文献前设置"档案提要"，简要说明档案的背景、主要内容。

　　本书以彩页形式影印反映军事工程学院教学工作的文书档案和照片档案，力图再现"哈军工"教学工作精彩场景，让读者感受档案文献的原汁原味。

本书编写组

2023 年 5 月

目　录

第三编　教学经验

第一编

教学计划

教学计划是教学工作的重要一环，是对教学工作的总体设计，是安排教学内容、组织教学活动和保证教学质量的基本依据。教学大纲是教学计划规定所开课程的教学安排，是教学计划实施的基本保证。军事工程学院以毛泽东主席训词规定的办学方向和目标任务为根本遵循，在训词引领下，学院早期制定的教学计划、教学大纲，以及后期关于调整学制、教学计划的文件，保障了正科、预科教育和研究生培养阶段教学工作的顺畅运行，培养了一大批德、智、军、体全面发展的军事工程技术人才，积淀形成了独特的办学育人风格。

本编收录军事工程学院时期的教学计划和教学大纲等档案文献5篇，具体包括：（1）《军事工程学院第一学期教学计划说明》；（2）《军事工程学院教学大纲（节选)》；（3）《军事工程学院预科教育计划教学过程总表》；（4）《研究生个人教育计划》；（5）《关于进一步调整教学计划的意见》。

军事工程学院第一学期教学计划说明

档案提要

　　1953 年 8 月，《军事工程学院第一学期教学计划说明》（以下简称《说明》）发布，明确了学院的培养目标：培养政治上坚定的，无限忠诚于党和人民，忠诚于祖国，具有高度的爱国主义与国际主义精神的军事工程师。《说明》主要内容包括五个方面：（1）教育对象。第一学期教育对象为高中毕业及部分大学理工科肄业的一、二年级的部队青年干部。这批学员已经过半年补习教育，文化程度及政治觉悟与组织性纪律性都有一定的提高，基本上具备了进入本科学习的条件。（2）教育时间。第一学期教育时间共 21 周，自 1953 年 9 月 1 日开课至次年 1 月 23 日结束，共有教育日 122 天，全期教学时间一般为 624 ~ 642 学时，个别专科为 660 学时。第一学期考试时间为两周半到三周，机动时间一般为 18 学时（3 天）左右。（3）教学内容与课程时间的分配。第一学期教学内容主要有一般科学基础课（高等数学、物理、化学、投影几何及制图）、专业课、政治理论教育、军事教育（合同战术、军事地形学）、一般课程（俄语、体育），教学时间及教学进度根据教学大纲及各专科要求所确定。（4）教学方式。第一学期所开课程多属于理论性课程，教学方式有讲课、练习、实验和课堂讨论四种，其中讲授的比重较大。（5）考试及测验。考试及测验基本上按照四年计划规定，第一学期一般有 3 ~ 4 门课考试，考试形式为口试，一般有 4 ~ 6 门课测验，测验方式有笔试、口试两种。《说明》后附有空军工程系工程科等 23 个科教学计划，本篇未选入。

　　　　　来源：国防科技大学档案馆馆藏（KW37-Y-WS.W-1953-013-001）

第一學期教學計劃說明

為加強國防建設，掌握現代軍事科學技術，以加速人民解放軍現代化的過程，培養政治上堅定的，無限忠誠於黨和人民，忠誠於祖國具有高度的愛國主義與國際主義精神的軍事工程師；他們必須精通並善於使用本兵種的技術兵器。能夠獨立的完成工程上的任務，並具有高度的組織性紀律性與較高的文化程度一定的軍事素養的軍事工程師；他們是忠誠老實的、勇敢的、富於主動性、警惕性，不怕困難並善於克服困難的軍事工程師，又是能教育與培養其部屬、體格堅强能堅忍不拔的忍受軍事勤務中一切艱難困苦的軍事工程師。

第一學期教學計劃根據四年教育計劃總的教育任務製訂，玆將計劃主要內容說明如下：

一、教育對象

本期教育對象，為具有高中畢業及部份大學理工科肄業之一、二年級的部隊青年幹部，並經過半年補習教育，文化程度及政治覺悟與組織性紀律性都有一定的提高，基本上具備了進入本科學習的條件。

從學員入學考試成績來看，錄取學員792人中及格學員

各科全部5分		38人
各科4分以上		181人
各科大部4分		288人
各科3分（3分以上）		171人

共　　　计　　　678人

一門不及格者114人作爲試讀生。

二、教育時間

第一學期教育時間共21週，自九月一日開課至一月二十三日結束，共有教育日122天，其中期考時間爲兩週半到三週，全期教學時間一般爲624至642學時，個別的專科如部隊工程及築城科課程較多，期考時間只有兩週，全期教學時間爲660學時。

第一學期機動時間一般爲18學時（三天）左右，但因各系課程時間不同，機動時間多至32學時，（二系彈藥（機械）科與火箭武器科），少至12學時（一系）機動時間只能用於教學並須經院長批准後方可動用。

三、教學內容與課程時間之分配

第一學期教學內容主要爲一般科學基礎課程——高等數學、物理、化學、投影幾何及製圖。政治理論教育進行辯證唯物主義與歷史唯物主義，軍事教育爲合同戰術、軍事地形學，一般課程有俄語、體育。

此外，五系尚有部份專業課程如：築城學、部隊建築、建築施工及工作組織及專業初步課程軍事工程論；一系尚有航空技術，三系尚有海軍常識。

教學時間及教學進度根據教學大綱及各專科要求所確定，普通科學基礎課程的教學時間分配及教學進度如下：

区分＼課程		高等數學	物理	化學	投影及製图／幾何製图	
第一進度	總時數	380	180	74	180	
	第一學期時數	150	90	74	100	
	系、科	二系三系	四系	一、三系 二系一三四科 五系一二科	一系一二六科 四系	
第二進度	總時數	360	162	72	170	
	第一學期時數	144	90	72	124	
	系、科	一系三、四科	一系三、四科	二系二科(弹药机械科)五科	二系、三系	
第三進度	總時數	306	144	100	150	
	第一學期時數	108 ∣ 144	72	100	80	
	系、科	四系三四科 五系 ∣ 一系一二六科	一系一二六科	二系二科(火药、炸药)	一系五科 五系各科	
第四進度	總時數	266	138	120	144	
	第一學期時數	86	44	90	728	054
	系、科	一系五科 五系一二科	仝左	四系 五系三、四科	一系一二六科	一系三四科

战术分为三种教学时间——52学时，36学时，
　　　　　　　　　　　　24学时。

各系教学时间完全相同的课程如：辩证唯物主义与历史
唯物主义90学时，地形学30学时，俄语72学时，
体育18学时。

各系专业课程及专业初步课程教学时间分配如下：

筑城学	54学时	建筑施工及工作组织	68学时
部队建筑	44学时	军事工程论	102学时
航空技术	36学时	海军常识	26学时

四、教学方式

各课程教学方式係根据教学大纲而定，第一学
期所开课程多属理论性课程，教学方式有讲课、练习、
实验、课堂讨论四种，其中以讲授的比重较大，例如：

高等数学	讲授与练习为	2：1
物理	讲授与实作为	3：1 或 3：2

(180学时的进度)

化学	讲授与实作为	2·7：1
投影几何	讲授与练习为	1：1
辩证唯物主义与历史唯物主义	讲授与课堂讨论为	7：8

合同战术　　　主要为讲授，有部份时间作为课堂讨
　　　　　　　论与实物见学时间。

　　教學方式根據理論與實際結合的教學原則以保證學員學習理論並能將理論運用於實際。

五、考試及測驗

　　考試及測驗基本上按照四年計劃規定，第一學期考試一般由三門課至四門課，在期考時間內進行口試，測驗一般由四門課至六門課，個別專科有測驗七門課程的。測驗可以在理論部份及實際作業部份進行，其方式有筆試、口試兩種，測驗時間照例在教學時間內進行。

　　平時課堂檢查及課外檢查次數由各教授會根據教學內容、時間與需要提出要求，在教學計劃中規定之，檢查方式採用筆試。平時檢查的目的，在於及時檢查教學效果，督促學員課外進修。各課程平時檢查次數，一般為一次到兩次，多至三次。

共打印8份。　　　打字號：0024號　　　打字：魏明月
　　　　　　　　　　　　　　　　　　　　校對：楊　鴻

军事工程学院教学大纲（节选）

档案提要

1953 年 8 月 28 日，《军事工程学院教学大纲》（以下简称《大纲》）发布，包括辩证唯物主义与历史唯物主义、合同战术、军事工程论、军事地形学、野战筑城学、高等数学、普通物理学、普通化学、投影几何及工程画、俄语、体育等 11 门课程的教学大纲。《大纲》共 96 页，由于篇幅有限，本篇只节选了《辩证唯物主义与历史唯物主义教学大纲》。

《辩证唯物主义与历史唯物主义教学大纲》对教学目的，各部分的讲授内容、讲授目的、讲授重点、必读文件和参考文件作出了详细规定。后附有本课程教学时间分配表，分配表对第一、二学期课程进度、学时等作出安排。

来源：国防科技大学档案馆馆藏（KW37-Y-ZM.JX-1953-004-007）

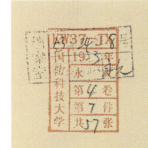

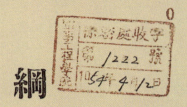

教 學 大 綱

（一）

中國人民解放軍軍事工程學院

1953．8．28 訂

辯證唯物主義與歷史唯物主義教學大綱

教學目的：

在於使學員領會馬克思主義政黨底世界觀與共產主義的理論基礎，達到：

第一、明確樹立共產主義的人生觀，以馬克思列寧主義辯證唯物主義的觀點，研究
　　　科學技術，保證科學觀點的正確性；

第二、正確認識社會現象的實質，認識事物的發展規律，提高政策、思想水平，批
　　　判非工人階級的立場、觀點、方法；

第三、學習蘇聯社會主義建設的經驗，明確中國新民主主義社會過渡到社會主義的
　　　條件和道路，並藉以理解國家工業化和建設強大的現代化國防軍的重大歷史
　　　意義；

第四、為進一步學習馬克思列寧主義毛澤東思想打下基礎。

緒論：

一、辯證唯物主義是馬克思列寧主義黨的世界觀　，是共產主義運動的理論基
　　礎；

二、辯證唯物主義與歷史唯物主義的形成與發展；

三、學習辯證唯物主義與歷史唯物主義的目的與方法。

必讀文件：

哲學名詞解釋：「世界觀」（學習譯叢五二年6號）。

「論辯證唯物論與歷史唯物論」解釋（11——28頁）。

論馬克思恩格斯及馬克思主義（19——25頁，64——66頁）。

矛盾論——兩種宇宙觀，矛盾的普遍性，矛盾的特殊性。

參考文件：

西洋哲學史簡編——古代哲學，馬克思和恩格斯哲學觀點的發展，列寧斯大林

對馬克思主義哲學的發展。

論馬克思恩格斯及馬克思主義（215——229頁）

第一編　辯證唯物主義

第 一 題：馬克思主義辯證法的基本特徵

> 一、自然界諸現象的普遍聯繫與相互依存——與形而上學相反，辯證法不是把
> 自然界看作什麼彼此隔離，彼此孤立，彼此不相依賴的各個對象或各個現
> 象的偶然堆積，而是把它看作有內在聯繫的統一整體。

> 二、自然界的運動和發展——與形而上學相反，辯證法不是把自然界看作靜止
> 不動的狀態，停頓不變的狀態，而是看作不斷運動，不斷變化的狀態，不
> 斷革新，不斷發展的狀態。

> 三、發展是量變過渡到根本質變——與形而上學相反，辯證法不是把發展過程
> 看作什麼簡單增長的過程，看作數變不會引起質變的過程，而是看作由不
> 顯露的細小數變進到顯露的變，進到根本的變，進到質變的發展過程。

> 四、發展是對立的鬥爭——與形而上學相反，辯證法認為由低級發展到高級的
> 過程不是表現於各現象協和的開展，而是表現於各對象或各現象本身固有
> 矛盾的揭露，表現於在這些矛盾基礎上動作的互相對立趨勢的鬥爭。

講授目的：使學員領會辯證法是論外部世界運動以及人類思維運動一般法則的科學，即最
完整、深刻而無片面性的發展學說。

講授重點：

> 一、對立面底統一與鬥爭的法則是辯證法的核心和實質。
> 二、辯證法與黨的實踐的關係，毛主席是如何運用辯證法的。

必讀文件：斯　大　林：辯證唯物主義與歷史唯物主義

（第5——12頁，1951年莫斯科外文局出版）

毛　澤　東：矛盾論（毛澤東選集第二卷）

參考文件：馬　克　思：「資本論」第一卷第二版序（第14——18頁，人民出版社出

—— 2 ——

版）

恩　　格　　斯：自然辯證法（三聯書店1950年第二版）

反杜林論（延安抗戰書店出版，概論第 27——36 頁，三版序
文，第11——16頁，第十二、十三、十四章）

費爾巴哈與德國古典哲學的終結（第四章、解放社版）

列　　　　寧：「卡爾。馬克思」辯證法（莫斯科外文局出版）

斯　　大　　林：「無政府主義還是社會主義」辯證方法（人民出版社）

馬克思主義與語言學問題（答：阿·霍洛坡夫同志，人民出版社）

思想方法論（第三章第一節，解放社版）

第 二 題：馬克思主義哲學唯物主義的基本特徵

一、世界的物質性及其發展的規律性——與唯心主義相反，唯物主義否認世界
是「絕對觀念」，「宇宙精神」，「意識」底體現，而認爲：世界按其本
質說來是物質的，世界上形形色色的現象是運動着的物質底各種形態。世
界是按物質運動規律發展者，而並不需要什麼「宇宙精神」。

二、物質底第一性與意識底第二性——與唯心主義相反，唯物主義否認精神先
於物質而存在，而認爲：物質是第一性的現象，因爲它是感覺、觀念或意
識的來源；而意識是第二性的現象，因爲它是物質底反映，存在底反映。

三、世界的可認識性及其規律性——與唯心主義相反，唯物主義否認世界及其
規律的不可知性，而認爲：世界及其規律完全可能認識，我們對於自然界
規律的那些已經由經驗和實踐考驗過的知識是具有客觀真理意義的確實知
識。

講授目的：使學員領會思維與存在、精神與物質的關係問題的正確解決是正確確立世界觀
的基礎問題，並批判脱離實踐，不從實際出發的主觀主義。

講授重點：一、物質與運動的關係：運動是物質存在底形態，沒有而且也不會有離開運動
的物質或離開物質的運動。

二、理論與實踐的統一，思維與存在的統一，列寧、斯大林論理論與實踐的關
係，毛主席的實踐論發展了馬列主義關於唯物主義的認識論的基本原理。

— 3 —

必讀文件：恩　　格　　斯：費爾巴哈與德國古典哲學的終結

（第34——52頁，第100頁，費爾巴哈論綱二，1949 年解放社版，張仲實譯）

斯　大　林：辯證唯物主義與歷史唯物主義

（第12——22頁，1951年莫斯科外文局出版）

毛　澤　東：實踐論（毛澤東選集第一卷）

參考文件：列　　寧：唯物論與經驗批判論（第六章第二節、第四節，結論，1953年人民出版社）

斯　大　林：無政府主義還是社會主義

（第18——33頁，1952年人民出版社）

第二編　歷史唯物主義

第 三 題：生產、生產方式。

一、社會物質生活條件：

社會物質生活條件包括地理環境，人口與生產方式，地理環境與人口的增長都不是社會發展的決定力量，只有生產方式才是社會發展的決定力量。

二、生產的三個特點：

1.生產永遠不會長久停留在一點上，而是始終處在變更與發展狀態中，同時生產方式的變更又必然引起社會結構的改變；

2.生產的變更首先從生產力的變更開始，然後引起生產關係的改變，同時，生產關係反轉過來影響生產力的發展。生產關係一定要適合生產力的性質；

3.新的生產力以及與其相適應的生產關係產生的過程，並不是離開舊制度而單獨發生，不是在舊制度消滅以後發生，而是在舊制度內部發生，不是由於人們有意自覺活動底結果，而是自發地、不自覺地、不依人們意志爲轉移地發生的。

三、從原始社會到社會主義社會生產力與生產關係的發展：

1.原始社會生產力發展的情景是由石器到弓箭，並與此相適應而由狩獵生

— 4 —

活過渡到馴養動物和原始畜牧；生產關係的基礎是生產資料公有制。

2. 奴隸社會生產力的狀況主要是金屬工具，並與此相適應而過渡到農業；生產關係的基礎是奴隸主佔有生產資料和佔有生產工作者。

3. 封建社會生產力的狀況是鎔鐵和製鐵工作更進一步的改善；鐵犁和織布車的散佈；農業、園圃業、釀酒業和製油業的繼續發展，與手工業作坊並存的手工業工場企業的出現；生產關係的基礎是封建主佔有生產資料和不完全佔有生產工作者。

4. 資本主義社會生產力的狀況是由手工業生產工具過渡到機器，手工業工場生產轉變為機器工業；生產關係的基礎是生產資料的資本主義所有制，勞動者雖已免除了人格上的依賴，但他們卻沒有生產資料，所以他們為要不致餓死，便不得不出賣勞動力給資本家，並忍受其剝削。

5. 資本主義社會為社會主義社會創造了物質前提。在社會主義制度下，生產關係的基礎是生產資料公有制，這種生產關係是完全適合於生產力的發展的。

講授目的：使學員領會決定社會面貌，決定社會制度性質的主要力量是人們生存所必需的生活資料謀得方式——生產方式以及「生產關係一定要適合生產力性質」這一經濟法則是社會發展的基本法則。

講授重點：一、生產的三個特點。

二、資本主義社會和社會主義社會的生產力與生產關係。

必讀文件：斯　　大　　林：辯證唯物主義與歷史唯物主義（第22—40頁）

蘇聯社會主義經濟問題（第5—6頁，11—12頁43—46頁，55—58頁，65頁，1952年人民出版社出版）

契斯諾科夫：「斯大林著『蘇聯社會主義經濟問題』中的馬克思主義哲學問題」之第三部份（「學習『蘇聯社會主義經濟問題』參考資料」第一輯，人民出版社出版）

參考文件：馬　　克　　思：資本論（第一卷，第12頁7行—10行，192—202頁，701—707頁，1953年人民出版社）

政治經濟學批判（序言）

康士坦丁諾夫：社會物質生活條件（「歷史唯物論」第二章，人民出版社，

1952年劉 譯）

生產的三個特點（「歷史唯物論」第三章，人民出版社，

1951年王子野譯）

生產關係一定要適合生產力性質的法則（「學習『蘇聯社會主義經濟問題』參考資料」第二輯，人民出版社）

胡　　繩等著：社會科學基本知識講座（第一册之第一講與第二講，人民出版社）

第 四 題：階級與階級鬥爭

一、階級的定義與劃分階級的標準——階級是在生產關係中地位不同的集團，階級是根據人們對生產資料佔有關係的不同而劃分的

二、階級與階級鬥爭是人類社會一定歷史階段的 產物——階級不是歷來就有的，也不是永久存在的現象，而是人類社會生產發展的一定歷史階段的產物。

三、階級鬥爭是階級社會發展的動力——在階級社會裏一種社會制度被一種更高級的社會制度所代替，必須經過殘酷地階級鬥爭和被剝削階級革命的過程，只有明確階級鬥爭是階級社會發展的動力的觀點，才能正確認識階級社會發展的規律。

四、階級與政黨——政黨與階級的關係，政黨是階級鬥爭的武器，工人階級在階級鬥爭中只有在共產黨的領導下才能取得最後勝利。

五、無產階級黨的最終目的是要消滅階級和建立無階級的共產主義社會——資本主義社會生產力的發展已經創造了過渡到更高級的共產主義社會的物質前提，經過無產階級的殘酷的階級鬥爭，經過建立無產階級專政，是消滅階級的唯一途徑。

講授目的：使學員領會迄今存在過的一切社會的歷史（原始社會除外）都是階級鬥爭的歷史，階級鬥爭是階級社會發展的動力，階級鬥爭必然導向無產階級專政。

講授重點：階級鬥爭是階級社會發展的動力，特別着重無產階級的歷史作用的講述。

必讀文件：恩　　格　　斯：英國工人階級的狀況

列　　　　寧：階級鬥爭（論馬克思、恩格斯及馬克思主義，第26—27頁）

斯　大　林：無產階級專政（列寧主義問題，第52—64頁）

黨（列寧主義問題，第102—116頁）

毛　澤　東：中國社會各階級的分析（毛澤東選集第一卷，第3—11頁）

劉　少　奇：人的階級性

格列則爾曼：馬克思列寧主義的階級和階級鬥爭理論（第6—30頁，40—52頁，54—66頁，78—82頁）

參考文件：恩　格　斯：暴力論（反杜林論，第209—219頁）

毛　澤　東：怎樣分析農村階級（毛澤東選集第一卷，第123—126頁）

第　五　題：國家與革命、戰爭與軍隊

一、國家是階級鬥爭的工具——國家是階級矛盾不可調和的產物和表現，國家的實質是階級統治的工具，隨着階級消滅，國家亦隨之衰亡。對國家若干錯誤見解的批判。

二、革命的基本問題是政權問題——被壓迫階級的解放，必須有強力革命消滅統治階級所建立的國家政權，取得自己的政權，但取得政權僅僅是事情的開始，全部事情在於保持政權，鞏固政權，使它成爲不可戰勝的。

三、無產階級專政的實質及其歷史任務——無產階級專政是無產階級革命的工具，無產階級專政的三個基本方面，蘇維埃政權是無產階級專政的國家形式。

四、戰爭與軍隊——戰爭的起源，實質，戰爭的性質及無產階級對戰爭與軍隊的態度，決定戰爭命運經常起作用的因素。

五、強化中國人民的國家機器，爲加速建設現代化的國防軍而奮鬥——我們要消滅國家權力，爲要消滅它，我們現在的任務是要強化人民的國家機器，因此，學習蘇聯先進軍事科學加速強大的現代化國防軍建設有着重大的歷史意義。

講授目的：使學員領會馬克思列寧主義的國家學說，特別是斯大林根據社會主義國家在資本主義包圍中活動的實際經驗，而創立的嚴整完備的社會主義國家學說。

講授重點：一、革命的基本問題是政權問題。

二、無產階級對戰爭與軍隊的態度。

— 7 —

必讀文件：列　　　　寧：國家與革命（列寧文選，第二卷，　第165—182頁，　188—190
　　　　　　　　　　　頁，1950年莫斯科外文局出版）

　　　　　　　　　　無產階級革命的軍事綱領（列寧文選二卷，第1033—1039頁）

　　　　斯　大　林：論國家問題（列寧主義問題，第785—793頁，1949年莫斯
　　　　　　　　　　科外文局出版）

　　　　　　　　　　無產階級革命與無產階級專政（同上書，第166—176頁）

　　　　　　　　　　1942年2月23日國防人民委員長命令（論蘇聯偉大的衛國戰
　　　　　　　　　　爭，第32—38頁）

　　　　聯　　共（布）黨史簡要讀本（第六章，第三節，第216—218頁，1953年北京
　　　　　　　　　　人民出版社）

　　　　毛　澤　東：論人民民主專政（政策法令學習文件，第3—14頁，1950年西
　　　　　　　　　　南軍大編）

　　　　　　　　　　戰爭和戰略問題（毛澤東選集第二卷）

參考文件：恩　格　斯：家族、私有財產及國家的起源（第90—104頁，184—189頁，
　　　　　　　　　　1950年三聯書店出版）

　　　　斯　大　林：無產階級專政（列寧主義問題，第52—64頁，1949年莫斯科外
　　　　　　　　　　文局版）

　　　　　　　　　　偉大十月社會主義革命二十四週年紀念（論蘇聯偉大衛國戰
　　　　　　　　　　爭，第14—19頁，23—27頁，1948年上海時代社出版）

　　　　康士坦丁諾夫：國家和法律（第3—10頁）

　　　　赫路斯托夫：馬克思列寧主義論戰爭，（第1—8頁，12—16頁，55—58頁，
　　　　　　　　　　上二書均係1953年人民出版社出版）

　　　　董　必　武：論加強人民代表會議的工作（第3—5頁，1952年，人民出版社
　　　　　　　　　　出版）

第六題：社會意識形態

　　一、社會存在決定社會意識——社會精神生活是社會物質生活的反映。社會物
　　　　質生活條件是社會意識形態產生與形成的泉源。社會意識形態的黨性、階
　　　　級性。

二、社會意識對社會存在的反作用——社會意識形態發展中的相對獨立性，社會思想和理論在社會生活和社會歷史上的嚴重作用和意義，反動思想是社會發展的障礙，革命思想促進社會發展。

三、馬列主義毛澤東思想對中國革命與新中國建設的巨大指導作用——馬列主義理論與中國革命實踐之統一的思想——毛澤東思想是我黨一切工作的指針，它指導着中國革命已經取得偉大的勝利，並勝利地領導着新中國的建設繼續向社會主義前途邁進。

四、人的思想意識與階級關係，社會上各種不同的階級與各種不同的思想意識，如何學習馬列主義毛澤東思想。

講授目的：使學員領會社會意識產生的根源及其偉大的作用。

講授重點：先進思想和理論的偉大的組織的動員的和改造的意義。

必讀文件：列　　　寧：做什麼（丁）恩格斯論理論鬥爭底意義。

　　　　　斯　大　林：辯證唯物主義與歷史唯物主義（第17—22頁）

　　　　　馬 林 可 夫：在第十九次黨代表大會上關於聯共（布）中央工作的總結報告（關於黨的部份第四節）

參考文件：斯　大　林：聯共十八次黨代表大會上的報告（第三部份第三節）

　　　　　劉　少　奇：論黨（關於黨的指導思想問題）

　　　　　艾　思　奇：歷史唯物論——社會發展史（第五章第216—270頁）

第 七 題：基礎與上層建築

一、基礎與上層建築的定義——基礎是社會發展在每一階段上的社會經濟制度，上層建築是社會對於政治、法律、宗教、藝術、哲學的觀點，以及適合於這些觀點的政治法律等制度。

二、基礎與上層建築的相互關係——上層建築是由基礎產生的，但這決不是說上層建築只是消極的反映基礎，上層建築一出現後，就要成爲極大的積極力量，積極幫助自己基礎的形成和鞏固，採取一切辦法，幫助新制度來摧毀和消滅舊基礎與舊階級。

三、基礎與上層建築學說對於革命實踐的意義——使我們正確地、科學地理解社會發展的規律，認識上層建築對於基礎的巨大作用。

講授目的：使學員在明確基礎與上層建築的定義及其相互關係的基礎上，正確地科學地理
　　　　　解社會發展的規律和一種形式的政治制度被另一種形式的政治制度所代替的規
　　　　　律，正確理解社會意識的發展規律。

講授重點：闡發斯大林同志關於什麽是經濟基礎，什麽是經濟基礎上的上層建築的原理。

必讀文件：斯　　大　　林：馬克思主義與語言學問題（第1—8頁，人民出版社）

　　　　　尤　　　　金：斯大林關於語言學的著作對於社會科學發展的意義　（學習譯
　　　　　　　　　　　　叢1951年第五輯）

參考文件：列　　　　寧：論馬克思、恩格斯及馬克思主義（第66頁）

　　　　　斯　　大　　林：辯證唯物主義與歷史唯物主義（必讀）（第17—22頁）

　　　　　亞歷山大羅夫：斯大林同志論上層建築在社會發展中的作用（學習譯叢，1952
　　　　　　　　　　　　年第四號）

　　　　　葛羅基爾曼：從社會主義向共產主義過渡時期的基礎與上層建築（學習譯叢
　　　　　　　　　　　　1952年第一號）

　　　　　伯　　洛　　夫：論經濟與政治的相互關係（學習譯叢1952年第七號）

第　八　題：個人和人民羣衆在歷史上的作用

　　一、人民羣衆是歷史的主人——人民羣衆不但是創造物質財富的主要力量，而
　　　　且是社會變改的決定力量。

　　二、個人在歷史上的作用——個人在歷史上的作用在於他們善於正確瞭解一定
　　　　的、已有的現成條件，瞭解如何改變這些條件，——他們才會創造歷史，
　　　　起其一定的作用。

　　三、無產階級領袖在歷史上的作用——無產階級領袖在歷史上的作用在於創造
　　　　了革命理論與無產階級政黨，規定了無產階級革命的戰略策略，鼓舞着無
　　　　產階級進行勝利的鬥爭。

　　四、領袖與羣衆的關係，領袖是怎樣形成的。

講授目的：使學員領會人民羣衆是歷史的真正主人及無產階級領袖在歷史上的作用。

講授重點：無產階級領袖在歷史上的偉大作用。

必讀文件：聯共（布）黨史簡要讀本結束語（六）

　　　　　劉　少　奇：關於修改黨章的報告（關於黨的羣衆路線問題）

論共產黨員修養（黨員與黨的關係，黨員與其他黨員的關係應
怎樣確定）

參考文件：普列哈諾夫：論個人在歷史上的作用（第27——45頁，1950年莫斯科外文局
出版）

康士坦丁諾夫：個人和人民大衆在歷史上的作用（第33——65頁，1950年上海
書報雜誌聯合發行所出版，王易今譯）

胡　　縄等著：「社會科學基本知識講座」第一冊（第81——85頁，人民出
版社出版）

第九題：社會主義與共產主義

一、社會主義與共產主義的基本特徵——社會主義與共產主義是同一社會經濟
形態的兩個不同的發展階段，在分配原則上前者是「各盡所能、按勞取
酬」，後者是「各盡所能、各取所需」。

二、從資本主義到社會主義的過渡——由於無產階級革命與資產階級革命有着
根本的區別，所以爲了社會主義地改造社會，就必需有一個革命的過渡時
期，它是一整個歷史時代。從資本主義到社會主義的過渡時期，是從推翻
資產階級政權和建立工人階級專政開始的。

三、社會主義的基本經濟法則——「用在高度技術基礎上使社會主義生產不斷
增長和不斷完善的辦法，來保證最大限度地滿足整個社會經常增長的物質
和文化的需要。」

四、從社會主義向共產主義的過渡——由社會主義向共產主義過渡必須實現三
個基本的先決條件：

第一、保證全部社會生產的不斷增長，而生產資料生產的增長要佔優先地
位；

第二、把集體農莊所有制提高到全民所有制的水平；

第三、使社會達到這樣高度的文化發展，保證社會一切成員全面發展他們
的體力和智力。

講授目的：使學員領會社會主義建設的勝利，即是馬克思列寧主義理論的勝利；瞭解社會
主義社會的一般面貌及其向共產主義社會過渡的基本先決條件。

— 11 —

講授重點：一、社會主義基本經濟法則。

二、社會主義向共產主義過渡的基本先決條件。

必讀文件：斯　大　林：蘇聯社會主義經濟問題（第1—3頁，35—36頁，45—46頁，

60—62頁，79—87頁，）

亞歷山大羅夫等編：斯大林傳（第83—84頁，104頁，）

尤　　　金：1。蘇聯從資本主義到社會主義的過渡時期

2。論蘇聯逐漸過渡到共產主義

3。斯大林的著作「蘇聯社會主義經濟問題」是社會科學進一步

發展的基礎。

參考文件：斯　大　林：論國家工業化及聯共（布）黨內的右傾（一）

聯共（布）黨史簡要讀本（第322——324頁，333—335頁，

364—367頁，372—376頁）

契斯諾科夫：斯大林著作「蘇聯社會主義經濟問題」中的馬克思主義哲學問

題

第　十　題：中國新民主主義社會

一、中國新民主主義革命勝利的意義———中國革命的勝利引起了國際形勢的變

化；為殖民地半殖民地的工人階級和人民大衆樹立了解放鬥爭的勝利榜

樣；是馬克思列寧主義的新勝利，科學地系統地解決了殖民地半殖民地革

命中一系列的問題。

二、新民主主義的政權制度和經濟政策———新中國制度是人民代表大會的制

度；經濟建設的根本方針是公私兼顧，勞資兩利，城鄉互助，內外交流的

政策。

三、新中國的兩種基本矛盾與兩條道路的鬥爭———中國各革命階級與帝國主義

之間和中國工人階級與資產階級之間的兩種基本矛盾，歸根到底是中國發

展道路上走向社會主義與實際上回到殖民地半殖民地的嚴重鬥爭。

四、向蘇聯學習建設社會主義經驗，為逐步實現國家工業化逐步過渡到社會

主義而奮鬥———我國實現工業化必須依據毛主席教導我們的「走俄國人的

路」，學習蘇聯建設社會主義的豐富經驗，對於我國由新民主主義過渡到

社會主義去有着決定意義。

講授目的：使學員領會新民主主義社會的過渡性質，與當前新的歷史任務，逐步地實現國
　　　　　家的工業化並在這個基礎上使我們祖國由新民主主義逐步地過渡到社會主義。

講授重點：一、中華人民共和國的政權制度與經濟政策。

　　　　　二、新中國的兩條道路的鬥爭。

必讀文件：毛　澤　東：論人民民主專政

　　　　　陸　定　一：中國革命的世界意義

　　　　　周　恩　來：共同綱領的特點

　　　　　二中全會決議（六）

參考文件：劉　少　奇：在亞澳工會代表會議上的開幕詞。

　　　　　李　富　春：在青年團第二次全國代表大會上關於工業建設問題的報告。

　　　　　鄧　子　恢：在青年團第二次全國代表大會上關於農村工作問題的報告。

教 學 時 間 分 配

課　　程　　題　　目			講授時數	習明納爾時數	論文	合計
辯證唯物主義與歷史唯物主義緒論			2			2
第一編辯證唯物主義	第一題馬克思主義辯證法的基本特徵	一、自然界諸現象的普遍聯繫與相互依存	6	6		12
		二、自然界的運動和發展				
		三、發展是量變過渡到根本質變				
		四、發展是對立的鬥爭				
	第二題馬克思主義哲學唯物主義的基本特徵	一、世界的物質性及其發展的規律性	6	6		12
		二、物質底第一性與意識底第二性				
		三、世界的可認識性及其規律性				
第二編歷史唯物主義	第三題生產、生產方式	一、社會物質生活條件	10	12		22
		二、生產的三個特點				
		三、從原始公社制度到社會主義社會的生產力與生產關係的發展				
	第四題階級與階級鬥爭	一、階級的定義與劃分階級的標準	8	12		20
		二、階級與階級鬥爭是人類社會一定歷史階段的產物				
		三、階級鬥爭是階級社會發展的動力				
		四、階級與政黨				
		五、無產階級政黨的最終目標是要消滅階級和建立無階級的共產主義社會				
	第五題國家與革命戰爭與軍隊	一、國家是階級鬥爭的工具	10	6	6	22
		二、革命的基本問題是政權問題				
		三、無產階級專政的實質及其歷史任務				
		四、戰爭與軍隊——戰爭的起源、實質；戰爭的性質及無產階級對戰爭與軍隊的態度；決定戰爭命運經常起作用的因素				
		五、強化中國人民的國家機器，為加速建設現代化的國防軍而奮鬥				
合　　計			42	42	6	90

課　　程　　題　　目			講授時數	習明納爾時數	論文	合計
第二編歷史唯物主義	第六題社會意識形態	一、社會存在決定社會意識	4	6		10
		二、社會意識對社會存在的反作用				
		三、馬克思列寧主義，毛澤東思想對中國革命與新中國建設的巨大指導作用				
	第七題基礎與上層建築	一、基礎與上層建築的定義	6	8		14
		二、基礎與上層建築的相互關係				
		三、基礎與上層建築學說對革命實踐的意義				
	第八題人民羣衆與個人在歷史上的作用	一、人民羣衆是歷史的主人	4	6		10
		二、個人在歷史上的作用				
		三、無產階級領袖在歷史上的偉大作用				
	第九題共產主義社會	一、社會主義與共產主義的基本特徵	10	20		30
		二、從資本主義到社會主義的過渡				
		三、社會主義基本經濟法則				
		四、社會主義到共產主義的過渡				
	第十題中國新民主主義社會	一、中國新民主主義革命勝利的意義	10	16		26
		二、新民主主義的政權制度與經濟政策				
		三、新中國的兩種基本矛盾與解除這些的鬥爭				
		四、向蘇聯學習建設社會主義的經驗，為逐步實現國家工業化，逐步過渡到社會主義而奮鬥				
合　　計			34	56		90
總　　計			76	98	6	180

军事工程学院预科教育计划教学过程总表

档案提要

1953 年 9 月 4 日，军事工程学院召开预科成立会议。预科教育是教育计划的一个重要组成部分，学院 1959 年前入学的各期学员进入本科前都须经过预科教育，学习结束后，考试合格者方能进入本科学习。

1954 年，经中央人民政府人民革命军事委员会批准的《军事工程学院预科教育计划教学过程总表》主要有五方面内容：（1）教学时间安排。预科教学时间为一年，根据入伍教育、理论教育、考试、假期、节假日及机动时间安排不同的教学时间。（2）课程设置。计划内课程有入伍期政治教育、党在过渡时期的总路线、战术、军事地形、射击、队列条令、内务纪律警备条令、体育、代数、三角、平面与立体几何、平面解析几何、物理、化学、制图、国文、俄语等 17 门课程。（3）教学方式。主要分为讲课、实际作业（课堂练习、实验、野外作业、课程设计、课程作业）、课堂讨论等。（4）考核方式。主要有考试和测验两种。（5）教学时数安排。预科第一学期为 724 学时，第二学期为 756 学时，总共 1480 学时。

来源：国防科技大学档案馆馆藏（KW37JX-Y-WS.W-1954-002-013）

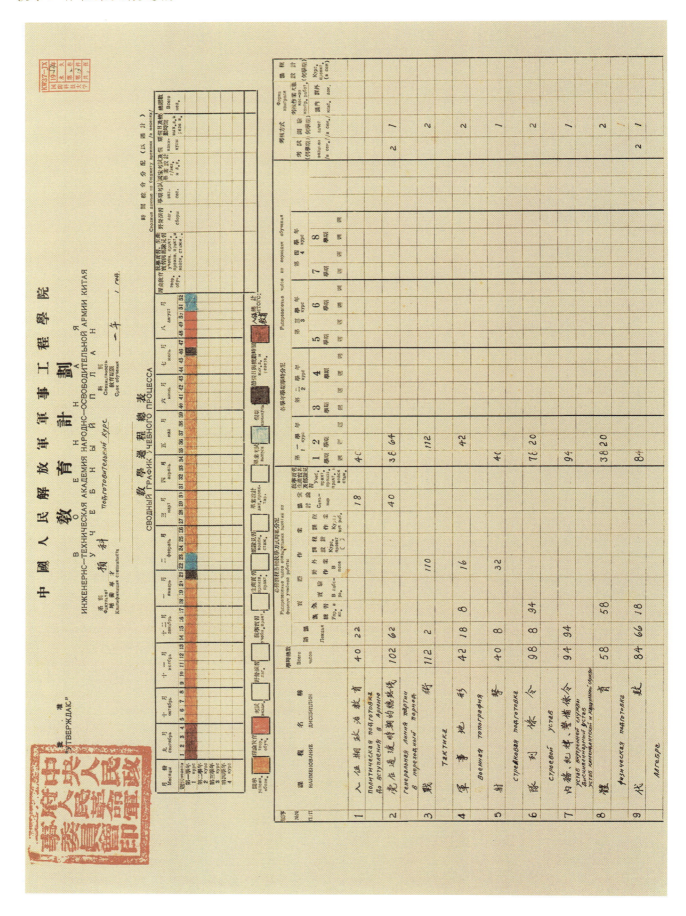

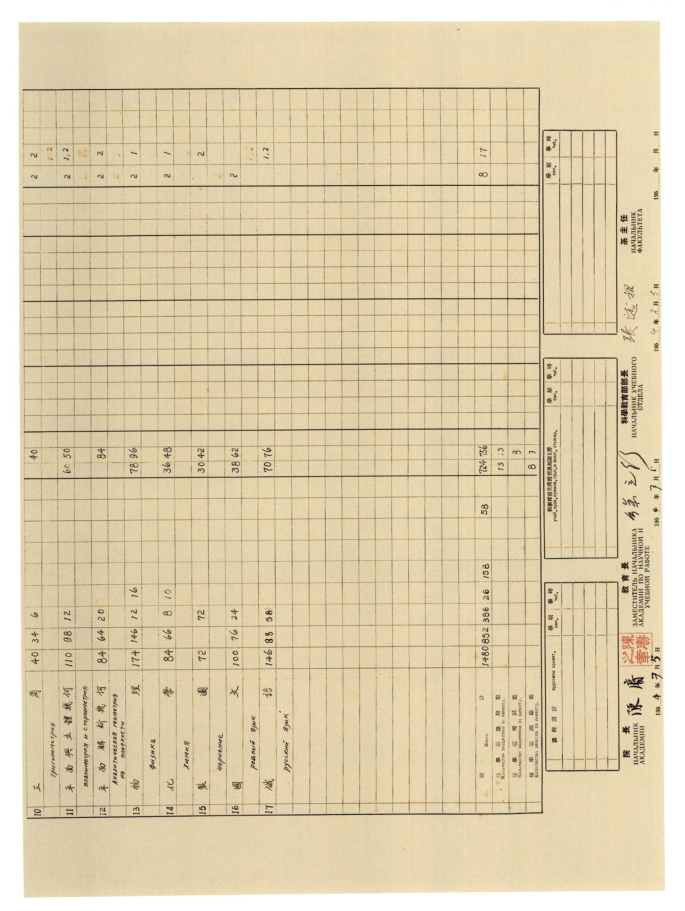

		平面及谨裁几何	平面解析几何								
10	三角 Тригонометрия					40			2	2	
11	平面及谨裁几何 планиметрия и стереометрия	110	98	12		60 50			2	1,2	
12	平面解析几何 Аналитическая геометрия на плоскости	84	64	20		84			2	2	
13	物理 Физика	174	146	12	16	78 96			2	1	
14	化学 Химия	84	66	8	10	36 48			2	1	
15	制图 Черчение	72	72			30 42			2	2	
16	国文	100	76	24		38 62			2		
17	俄语 родной язык русский язык	146	88	58		70 76				1,2	
	合计 Всего	1480	852	386	26	158	724	156	8	17	
	每学期考试数						13	13			
	每学期考查数			58			8				
	课程设计 курсовое задание						8	3			

院长 НАЧАЛЬНИК АКАДЕМИИ　陈庚　签阅
195 年 7 月 5 日

教育长 ЗАМЕСТИТЕЛЬ НАЧАЛЬНИКА АКАДЕМИИ ПО УЧЕБНОЙ И НАУЧНОЙ РАБОТЕ
195 年 7 月 日

科学教育部部长 НАЧАЛЬНИК УЧЕБНОГО ОТДЕЛА
195 年 7 月 日

系主任 НАЧАЛЬНИК ФАКУЛЬТЕТА
张述祖
195 年 2 月 5 日

研究生个人教育计划

档案提要

军事工程学院从 1955 年开始招收第一批研究生，到 1965 年，学院共招收、培养研究生 9 批 46 名。

1956 年 2 月 23 日，空军工程系将杨秋澄、李广坤、康继昌 3 人《研究生个人教育计划》上报院长办公室审批。《研究生个人教育计划》规定：学制为 3 年；课程根据专业具体安排；教学总时数为 6000～6460 学时，其中论文时数占比 50% 左右；考核方式有考试和测验两种。

来源：国防科技大学档案馆馆藏（KW37-Y-WS.W-1956-016-005）

院　批　56　16　6

441　56 2 23　696 19 56 2月 23

4页

院㭋书……之指示研讨
市夫携回研办审告有关教授会

中國人民解放軍 軍事工程學院空軍工程系 報告

事　由	請批准研究生教育計劃
主送機關	院長辦公室
抄送機關	

批　示	
擬　辦	

字　號	字第　號
地　址	
附　件	研究生個人教育計　刘三份

我系業經批准的研究生楊秋澄、李廣坤、康

繼昌等三名之「研究生個人教育計劃」現付上請

審閱批示，并由科教部轉告馬列主義、徵語、

數學、理論力學等教授會，以便製訂大綱及釋疑。

88

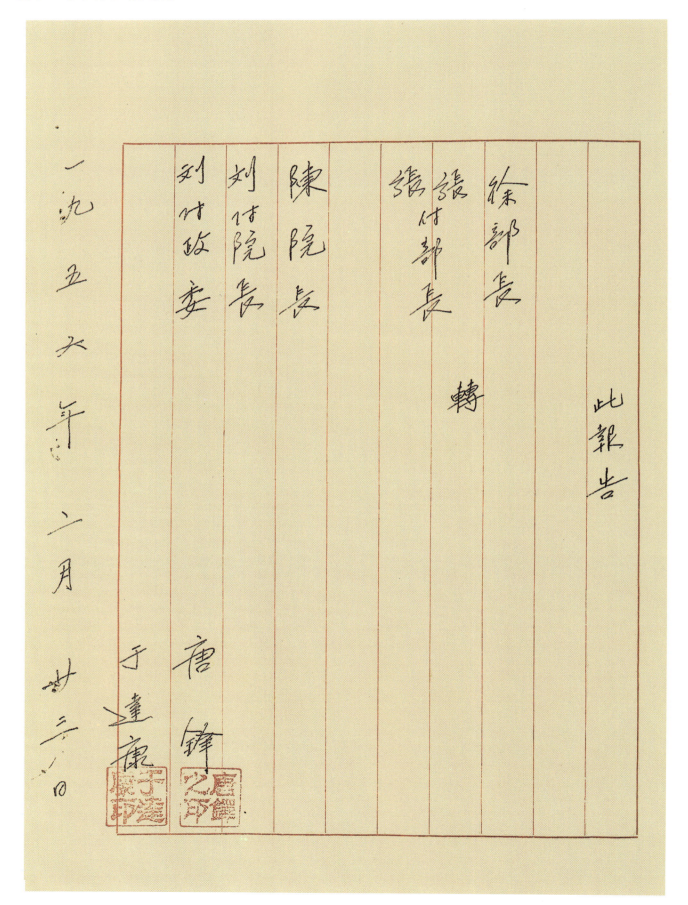

一九五六年十二月廿三日

于达康

唐锋

刘付政委

刘付院长

陈院长

张付部长

转

徐部长

此报告

院長批准
（簽名）
195 年 月 日

研究生個人教育計劃
教授会 空气动力学　　　研究生 杨秋澄
加入研究班日期 **1956.3.1**
研究班毕业日期
研究生学习专門技術的范围 气体动力学
科学研究指导者 朱達甘（罗叶词）

顺序	课程名称	总时数	学期时数						考试	测验	论张
			1	2	3	4	5	6			
1	马列主义基础	450	450						1	5分	数 100.
2	俄语	120	120						1.(关于一目阅明完)		一6月 2.100
3	数学	250	250						1	过	
4	力学	150	150						1	过	
5	理论与实验空气动力学	800		800					2.	优等	
6	气体动力学	750		170	580				3		
7	专题报告 1.	80			80						
8	专题报告 2.	150				150					
9	教学实习	70					70				
10	教授会工作	180	30	30	30	30	30	30			
11	论文	3000			310	820	900	970			论文答辩.
	共　　计										

系主任
政治委员
教授会主任
科学研究指导者

院长批准
（签名）
1956年 月 日

研究生个人教育计划

教授会 发动机原理 　　研究生 李广坤

加入研究班日期　1956.3.1

研究班结业日期　_____

研究生学专门技术的范围　压缩器

科学研究指导者　梁守槃

顺序	课程名称	总时数	学期时数						考试	测验	修改
			1	2	3	4	5	6			
1	辩证唯物论及历史唯物论	450	250	200					2 (将举行考试)	(将于四月考试)	
2	俄　　语	250	250						1 (将于4月向学校)		
3	数　　学	200	200							1 通过	
4	模型及实验方法	150		150						2	
5	参　　观	100	100								
6	参加会议	180	30	30	30	30	30	30			
7	喷气发动机一般理论	950	274	676					2		
8	压缩器	914			914				3		
9	作报告 (两次)	160			160						
10	上课练习	80			←—— 80 ——→						
11	论　　文	3046			←—— 3046 ——→						论文答辩
	共　　计										

系主任　____

政治委员　于建荣

教授会主任　吴子璟

科学研究指导者　吴子璟

院长批准
（签名）
1956年 月 日

研究生個人教育計划

教授会 飞机电气设备　研究生 康继昌

加入研究班日期　1956.3.1

研究班结业日期　＿＿＿＿＿＿

研究生学专门技术的范围　＿＿＿＿＿＿

科学研究指导者　唐光斌

顺序	课程名称	总时数	学期时数						考试 测验	修改
			1	2	3	4	5	6		
1	辩证唯物论及历史唯物论	450	230	220					2　4分	
2	俄语	200	100	100					2　译于三期问题	
3	速称微绩	150	150						1通过	
4	自动调整原理	600	400	200					2	
5	航空电力传动	650		450	200				3	
6	有关学位论文的读书报告(2)	200			100	100				报告
7	部队见习	370			370					书面报告
8	教学实习	150	90		60					
9	实验实试验技术	50			50				3	
10	参加教授会工作	180	30	30	30	30	30	30		
11	学位论文	3000			190	870	970	970		论文答辩
	共计	6000	1000	1000	1000	1000	1000	1000		

系主任

政治委员

教授会主任　蒋志扬

科学研究指导者　唐光斌

关于进一步调整教学计划的意见

档案提要

　　1961 年 11 月 12 日，军事工程学院教务部教务处制定《关于进一步调整教学计划的意见》（以下简称《意见》）。《意见》共有三方面内容：（1）调整教学计划的原因和依据。根据中央军委 1961 年 10 月 30 日《关于国防高等技术院校改进教学工作的几点指示》的精神和国防科委主任聂荣臻、解放军总参谋长罗瑞卿及国防科委对学院教学工作的指示和要求，并参照教育部直属高等工业学校《本科（五年制）修订教学计划的规定（草案)》，国防科委对国防工业七院校关于修订教学计划的若干规定，结合学院任务和培养目标的要求，对现有的教学计划进行必要的调整。（2）调整内容。对理论教学、考试、实习见习、毕业设计、公益劳动、机动、入伍教育的时间进行了调整，对各类课程学时分配作出细化安排，不同程度地减少政治理论教育、军事教育、体育等课程学时，增加外国语、技术课等课程学时。（3）调整工作的注意事项。从认识上、组织上加紧谋划，把调整工作做好。《意见》后附有教学计划时间安排设想方案、国内高等院校教育计划时间安排比较表。

来源：国防科技大学档案馆馆藏（KW37-WS-1961-005-007）

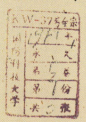

軍事工程学院教学工作会議文件之四　　　　　秘　密

关于进一步調整教學計划的意見

（一）

在这次会議总结过去几年教学工作經驗的基础上，进一步調正教学計划，是当前改进教学工作，提高教学質量的一項重要任务。

根据军委十月三十日"关于国防高等技术院校改进教学工作的几点指示"的精神，和聶总、国防科委及罗总长对我院教学工作的指示和要求，并参照教育部直屬高等工业学校本科（五年制）修訂教学計划的规定（草案），国防科委对国防工业七院校关于修訂教学計划的若干规定，結合我院的任务和培养目标的要求，对现有的教学計划进行必要的調正。

我院的基本任务是培养又紅又专的国防科学研究的高級技术人才，政治質量要好，业务質量也一定要好，将来才能在国防科学技术崗位上起骨干作用。要認真改进政治理論教育和思想政治工作，切实保証学生的政治質量。一个大学毕业生应該具备一定的政治理論基础知識。因此应系統向学生进行馬克思列宁主义、毛泽东思想的理論教育。要确保学生的业务質量；加强基础課和专业課的教学，保証必需的时间，使学生把基本功課学好。军委指示中指出："在基础課和专业課的教学質量上，至少不低于国内重点大学的高水平"。"在军事教育上，除了进行军人基本要求教育之外，要着重进行与专业有关的战术技术教育，使学生对武器裝备的战略战术性能有所了解"为保証培养任务的完成，在教学計划时间安排上，除保証政治教育和适当的军事教育外，重点要保証基础課、基础技术課和专业課的教学时间。外語教学也要加强，首先必須学好第一外国語，第二外国語可以列为必修，也可以列为选修課程。军委指示中又指出："如果一般军事教育时间过多，要求不恰当，就会挤掉一些应該学到的科学技术专門知識，学的不深不透，把学生訓練成文不文、武不武，既不能成为一个好的军事骨干，又不能成为一个好的技术骨干。这时我军的现代化建設是极端不利的"。这些重要指示，我們必須認真領

会、坚决贯彻。

（二）

根据上述要求，拟将我院现有的教学计划作如下调正：

一、学制仍为五年，共260周（地方大学为256周），各专业的授课总时数约为4000到4200学时，和全国重点学校相比较：高于五年制，但略低于六年制。学生在院时间的安排是：

1. 理论教学：由原来150周左右，增为160—168周。周学时由原来平均24学时，增为25学时（党日每周以2小时计算，每周以五个晚上的时间由学员自己支配）。

2. 考试：由原订11—12周（按现有的教学计划实际安排的结果计算的）增为14—15周（每学期考试2—4门），保证主要课程都能进行考试，以巩固与加深所学知识。

3. 教学实习，生产实习，部队见习时间由原订23—24周减为15—20周左右，主要为满足专叶实习要求，丰富生产实际知识，并使学生受到一定的劳动锻练。

4. 毕叶设计（毕叶论文）：由原18周改为16—18周（包括毕叶答辩时间在内），这是从各专叶要求不同考虑的。

5. 公益劳动：由原订9周减为7周（一、二年级每年2周，三、四、五年级每年一周），这样，既能使学生受到劳动锻练，又为保证学院生产生活所必需。

6. 机动时间：由原订10周减为5周（每年一周）。

7. 入伍教育由6周（今年是按5周执行的）减为4周。在入伍教育时间内除政治教育外，还要给学生一些制式和连以下战术知识的教育，为平时的养成教育和学习必要的战略战术知识奠定初步基础。

8. 寒暑假按原订计划仍为26周（每年寒假2周，暑假4周，第五学年无暑假），另外，还有例假5周。

二、课程学时安排

按总学时4000—4200，各类课程学时分配是：

1. 政治理论教育由576学时（16%左右）减为400学时（10%左右）。

2. 军事教育由210—230·（6%左右）减为100—150学时（3.7%左右）。

3. 体育由110学时左右（3%左右）减为80学时（2%左右）。

4. 外国语由240学时（6.7%左右）增为300学时（7.14—7.5%）。其中以260学

时学习第一外国語，第二外国語在高年級課內排 40 学时，課外排40—60学时作为选修。

5. 技术課由2450学时左右(68%左右)增为3070—3270学时(76.75—77.84%)，比原計划 約增 加了 620—820 学时。为了培养"拔尖"的学員，各专业根据 需要 可开一些专业选修课，列入 教学 計划。上述共同課程（政治、軍事、体育、外国語）共930 学时，佔总学时的 22.16%→23.25%。政治、軍事、体育三項合 計共 630 学时（佔15.02—15.75%），外語与技术課合計共为3370—3570学时（佔84.25—84.98%）。

至于技术課程中，基础理論（指数学、物理、化学）、基础技术、专业課程各佔多大比重，根据不同专业应有所区別。但一般說来，基础理論課約佔計划总时数的20%左右，基础技术課約佔28—38%左右，专业課約佔20—30%左右。

基础理論課与基础技术課增加的时数主要用于增强基本理論的講授及实际作业的訓練（实驗、練习課、課程設計及課程作业、課堂討論等）。专业課增加的时数应当用于加强主要专业課程，不能沒有重点，平均使用时間。各个专业根据本专业的实际情况进行具体細緻的研究。

（三）

这次調整教学計划是在今年五、六月間調整与制訂教学計划的基础上进行的。最近中央軍委、聶总、罗总长及国防科委对我院教学計划有明确而重要的指示，經过这次教学工作会議之后，进一步調正教学計划就具备了更为良好的条件。为了作好这項工作，必須：

1. 各級領导要認眞学习領会軍委"关于高等技术院 校改 进教 学工作 的 几点指示"，以及聶总、罗总长、国防科委历次指示的精神，从而提高認識，統一思想，把精神貫彻下去，借以指导調整教学計划的工作。同时根据这次教学工作会議上院首长所作的教学工作报告及有关文件，把調整教学計划的工作做得更好。

2. 在組織工作上，应採取領导与教研室部分同志組成专門小組，自上而下和自下而上結合一起进行調整工作。共同課、基础課、基础技术課教研室由教务部組織专門小組进行研究，訂出这些課程的方案，与有关教研室商討，然后安排专业課程。在調正計划时，必須根据培养目标的要求，合理安排各类課程。

3、为了使教学計划得到相对稳定，除了在培养目标、課程設置問題上能正确处理之外，还应对各門課程的各个教学环节（我們习慣叫做教学方式）訂出具体而恰当的規

定。为此，各教研室应根据过去的經驗組織力量研究各門課程的內容及教学方式方法，訂出講課、練习課、实驗、課程作业、課程設計、講堂討論、实物教学、理論教学等环节的时数。

4、由于春季学期的准备工作急待进行，因此，这次調整教学计划的工作要及早动手，在这次教学工作会議上能对調整教学計划的一些原则問题先作研究，在原则确定之后，立卽布置下去，开始工作，务必在十二月二十五日前全部完成。在調正計划时，对各年級现在所执行的計划要同时抓紧調正，以免搞迟了影响下学期的准备工作。

教务部　教务处

1961年11月12日

附录 I　　教学计划时间安排设想方案

学生在校时间安排（以周计）

项目	周数	百分比
理论教学	160—168	61.56—64.62%
考试	14—15	5.38—5.77%
教学、生产实习,部队见习	15—20	5.77—7.68%
毕业设计（毕业论文）	16—18	6.16—6.92%
公益劳动	7	2.69%
入伍教育	4	1.54%
节假日	5	1.92%
机动	5	1.92%
寒暑假	26	10%
合计	260	100%

课程学时排安

课程	学时	排安
政治课	400	9.52—10%
军事课	100—150	3.6—3.75%
体育	80	1.9—2%
外国语	300	7.14—7.5%
基础课	3070	76.75%
基础技术课	|	|
专业课	3270	77.84%
合计	4000—4200	100%

说明：1. 周学时平均按25学时计算，学员党，因日按每月两次计算（平均每周2小时）。

2. 军事课学时间比例按150学时计算。

3. 技术课中基础课约占20%左右，基础技术课约占28—38%左右，专业课约占20—30%左右。

教务部教务处

1961.11

军事工程学院
教学工作档案文献选编

附表二（参考材料）

国内高等院校教育计划时间安排比较表

项目	教育部规定 学时/周数及数	百分比	国防工业院校规定 周数及数	百分比	北京航空学院 周数及数	百分比	北京工业学院 周数及数	百分比	上海交通大学 周数及数	百分比	清华大学(六年) 周数及数	百分比	我院初步方案 周数及数	百分比
总周数	256		256		256		256		256		304		260	
理论教学	136以上	53%	145以上	56.6%	141以上	55%	140	54.6%	140	53%	160以上	52.8%	160—168	61.56—64.62%
考试	16—18	9.2—7%	17—18	6.64—7.02%	17	6.63%	18	7.02%	16—18	6.2—7%	20—24	6.6—7.9%	14—15	5.38—5.77%
教学及生产实习	16—20	6.2—7.8%	25—30	9.78—11.7%	33	12.87%	40	15.6%	20—24	7.8—9.36%	18以下	15.8%	22—27	8.46—10.37%
生产劳动	20	7.8%					17	6.63%	16	6.2%				
毕业设计	14—20	5.4—7.8%	16—18	6.25—7.03%	17	6.63%	2	0.78%	16—20	6.24—7.8%	26—30	6.6—9.9%	16—18	6.16—6.92%
毕业鉴定	2	0.78%	2	0.78%	2	0.78%								
假期	38	14.8%	34以上	13.3%	36	14%	34	13.2%	39	15.21%	41	13.5%	31	11.92%
机动	4	1.56%	4	1.56%	4	1.56%	5	1.95%					5	1.92%
入伍教育													4	1.54%
总学时数	3000—3500		3400—3700		3500—3600		3390		3400—3700		4200—4500		4000—4200	
政治课	370	10.5—12.3%	370	10—10.85%	370	9.45—9.75%	370	10.9%	370	10—10.85%	430	10%	400	9.52—10%
外国语	200—260	6.6—7.3%	220—260	6.16—7%	244	14.3—14.7%	250	7.37%	330	8.9—9.7%	280	7%	300	7.14—7.5%
体育课	126	3.6—4.2%	130	3.5—3.8%	130	2.68—2.76%	120	3.53%	130	3.5—3.92%	130	3%	80	1.9—2%
基础课	2304 }76.5%		2680 }78.6%		660—710	18.8—19.7%	635	18.7%	2570 }75.6%		1200—1500	30%	3070 }76.75%	
基础技术课	2744 }78.4%		2940 }79.5%		1228—1394	35—38.7%	1410	41.8%	2870 }77.6%		1000—1500	20—30%	3270 }77.84%	
专业课					760—869	21—25%	605	17.8%			1000—1500	20—30%	100—150	3.6—3.75%
学年周学时	26以下		26以下		平均25		平均24.5		27以下		26—28		平均25	
备注											非辅课时数包括理论 力学时数在内		军事课按150学时计算 军军课时数比例	

40

第二编
教学组织

建立正规的教学制度与教学秩序，保障教学计划的顺利落实，是贯彻毛泽东主席训词要求、实现办学任务与人才培养目标的根本保证，是培塑良好校风、提升教学质量与效果的重要抓手。军事工程学院根据教学发展的需要和苏联专家的建议，组织制定了一系列有关教学工作的制度规定，涵盖教学过程的组织、试讲、答疑、课堂纪律、教学检查、培养与奖励、考试与测验、毕业设计答辩、学籍管理等各方面，推进教学工作迅速走上正轨。

本编收录军事工程学院时期与教学组织相关的 7 篇档案：（1）《军事工程学院教学过程组织基本条例》；（2）《军事工程学院考试与测验实施办法（草案）》；（3）《军事工程学院专业技术课程教学方法基本条例（节选）》；（4）《军事工程学院研究班暂行条例（草案）》；（5）《军事工程学院毕业设计答辩程序和评定暂行办法》；（6）《军事工程学院教学工作暂行条例（草案）》；（7）《关于"讲课中贯彻政治思想性"的决议》。

除本编收录的教学组织制度之外，军事工程学院还制定有《军事工程学院教学组织工作条例（草案）》《关于保证教师业务时间的规定》《关于保证学员学习时间的规定》《军事工程学院国家考试组织与实施条例（草案）》等制度。上述教学工作制度的及时制定和严格执行，为落实教育计划和教学大纲、顺利开展教学工作提供了有力依据。

军事工程学院教学过程组织基本条例

档案提要

1953 年 9 月 5 日，《军事工程学院教学过程组织基本条例》（以下简称《条例》）发布，共 9 章 144 条。《条例》指出，教学过程是根据教育计划和教学大纲确定的。《条例》规定了教学人员对学员作业的领导，明确了学员的独立作业相关要求，规定了对教学过程的检查，考试与测验的目的、要求与做法。《条例》还规定了教授会与教学人员的职责及工作要求，规定了组织与保证教学过程所需的文件，规定了上课秩序和全院在职人员的学习要求，规定了保证与组织教学过程的各部门及其负责人的职权与职责。《条例》是建院之初指导学院教学工作的根本文件。以此为基础，学院根据教学工作需要制定了其他若干条例和规定。

来源：国防科技大学档案馆馆藏（KW37-Y-WS.W-1953-012-005）

院長批准
1953年9月

中國人民解放軍軍事工程學院
教學過程組織基本條例

教學工作方式

本院教學過程是根據教育計劃和教學大綱確定的。

為了保證教學過程中的高度教學質量，發揮學員獨立工作的能力，並善於將其學得的知識運用到實際中去，茲規定下列幾項教學工作方式：

（一）教學人員對學員作業的領導：

1. 講課；

2. 實際作業（練習、實驗、課程設計與畢業設計）；

3. 課堂討論；

4. 教學實習、生產實習與部隊見習。

（二）學員的獨立作業：

1. 有系統地鑽研教材；

2. 做課外作業；

3. 課程設計與畢業設計。

（三）答疑。

最後，以考試與測驗來評定學員對所學課程的領會程度。

第一章　教學人員對學員
作業的領導

講　　課

第一條　講課是教育和培養學員最重要的方式，此種方式可以奠定學員的科學知識基礎，並樹立其革命人生觀。

講課時，應該：「……提出所講課程的基本概念，並指出應詳盡研究該課程的方向………」（列寧）；同時，「………在所有的學校裏，最重要的，就是講課的政治思想方向……」（列寧）。

第二條　應以共產黨的立場來講述課程，堅決揭發資產階級科學底反動本質；凡與馬克思主義相違背的思想表現及庸俗的曲解，都必須與之作堅決鬥爭。

一切講課應建立在馬克思列寧主義方法論的原則上，同時還應闡明科學發展的辯證過程。

講課的科學思想，應以現代的科學技術為基礎，並以蘇聯科學技術成就的經驗及新中國的建設經驗為基礎。

講課應以對人民、對黨、對人民政府無限忠誠及高度愛國主義和國際主義的精神來教育學員。

第三條　講課的基本任務是：

6

（一）闡明所研究的科學領域之規律性；

（二）按照科學和邏輯的程序，講述課程中的基本問題，並指出應該怎樣獨立研究該門課程；

（三）指出科學的理論與新中國建設實際的聯繫；

（四）指出中國先進科學家在發展科學技術各種領域中所起的作用及蘇聯科學家在發展科學上所起的主導作用；

（五）發揮學員科學的思維能力。

第四條　講授課程，應先從緒論開始。緒論中應包括課程的定義，指出該課程在教學過程中的目的、任務和地位，應該簡短地講述該課程發展的主要階段及蘇聯和中國先進科學家在這方面的成就；還應該指出該課程在各學期的配當情形及所採用的教科書，並介紹學員對該課程如何進行獨立作業。

第五條　每次講課應以所批准的教學大綱爲根據，在邏輯上照例應該是完整的；同時，教師所引述的一切實例，所進行的一切課堂表演及試驗，所用的圖表，都是爲了闡明講課的基本思想。

每次講課的時間，通常爲兩學時。

第六條　講課應在高度的思想理論水平上，用文學的語言和正確的方法。講課的題目及其各節的名稱應該在講課過程中清楚地告訴學員（口述或寫在黑板上）。

複雜的圖解和圖表，在講課時可作爲懸掛的形象教具來使用；但在課程的個別章節中，也可製些圖表發給學員。按照所講的課程，教員應廣泛地利用現有的幻燈片和電影片。

在講課結束時，教員應囘答學員的問題；如果預先有規定，並應發給學員習題，讓其獨立解答以鞏固該課程中所講過的問題。

第七條　教員應經常地注意學員對課程中已講部份的領會程度。因此，可查看筆記、進行個別談話，或在講課開始時抽問個別學員。

第八條　教員應編寫每次講課的提綱或全文。凡緒論、結論以及新課程（專業教授會的課程）的全部講義，都應由教員寫成全文並在教授會會議上進行討論之。但教員應以生動的、通俗的語言來講課，而不要把自己變成只背誦原文的書呆子。

第九條　可担任講課的有：教授會主任、副主任、主任教員以及有教銜或學位的教員。

第十條　教授會主任和講課的教員對講課的內容和教學方法，應負全責作好週密的準備。

第十一條　為了使學員對講授的材料能很好的接受，提出如下幾點：

（一）通過系統地複習本課前面所講的內容、按期做好習題，來進行課前預習；

（二）將講課的基本精神寫下筆記，如摘錄定義、公式、定則、圖表和略圖；

（三）課後，在深入研究指定資料（教科書）的基礎上，有系統地整理聽課時所記的筆記。

實 際 作 業

第十二條　實際作業是理論與實際聯繫的環節。它和

8

講課一樣，必須在高度的思想理論水平上來進行，必須以對黨、對人民政府無限忠誠及高度愛國主義與國際主義底精神來教育學員。

實際作業的目的在於：加深與鞏固學員在聽課時所獲得的理論知識；用做設計與計算作業的方法，用解題及研究技術兵器、儀器和器材的方法，來發揮學員獨立實際工作的能力。

實際作業可以在教室內、在野外、在軍艦上、在實驗室、教學專修室和工廠中進行。一切實際作業都應按照教學大綱組織之。

第十三條　進行實際作業的程序如下：

（一）宣告作業的目的；

（二）檢查課外作業的完成情況（5—10分鐘）；

（三）檢查學員對該作業中所研究的基本理論的了解情況（5—10分鐘）；

（四）直接進行練習（作習題、報告戰術情況及其他）；

（五）提出下次作業並指示應如何進行準備。

除上述以外，指導戰術實際作業者還應進行講評。戰術的實際作業應該根據這樣的原則：「按實戰的要求，來訓練軍隊」（斯大林）。

實際作業應以積極的方法進行，即：學員獨立地解答問題，教員糾正錯誤並指導他們的作業。

第十四條　各種規定的實際作業和實驗，是在教員和指導這些作業的工程師底領導下進行。講課教員應負責使實際作業與講課在教學方法上相互一致。實際作業的指導者有責知道講課中所講到的問題的分量和內容，本人還應完全明

確練習的目的。

第十五條　實際作業的指導者，必須力求使學員明確地了解並創造地運用講課中所講過的理論。這些理論同時也是該作業的主題。

指導者必須經常觀察每個學員的作業，發現「掉隊」者，並爲他們組織個別的輔導。當學員沒有作好習題作業的準備時，指導者應通知專科主任；當學員沒有作好實驗的準備時，不得參加實驗。

一、課堂練習

第十六條　課堂練習是輔助講課的重要和必須的方法；而對某些課程來講，課堂練習則是消化教材的基本手段。

課堂練習的目的是：

（一）用解答具體習題的方法，來鞏固學員從聽課中所獲得的理論知識；

（二）教會學員運用理論知識去解決應用問題；

（三）教會學員製圖技術；

（四）幫助學員掌握所學習的外文文法、翻譯和會話。

第十七條　每一個作業的習題應由講課教員選定，並經教授會主任批准；每章課堂練習的習題，應完全包括所學過的本章內容。隨着學員對課程領會程度的逐步提高，在下次練習中應做一些較難的習題。部份習題應按各系底專科來選定，但不得有礙於本課程的內容。

第十八條　在做題時，應使學員注意數量的因次與計算結果所必需的準確程度。所有的計算，只要可能，都應當運用表及計算尺來進行。教員應該要求學員通順地敍述，仔細

10

而又整潔地做好各種作業。

第十九條　進行戰術練習的方法，應根據教案的規定；教案應由教授會會議審查並經院長批准。

應當廣泛地運用蘇聯偉大衛國戰爭、中國及朝鮮解放戰爭經驗中的實際戰例。

第二○條　學習外文以課堂作業的方式進行，在課堂上研究和分析文法，練習翻譯和會話。學員應該記住，為了鞏固地掌握外文必須每天鑽研。

二、實驗室中的作業

第二一條　實驗作業按課程表進行，通常應均勻地分配在一學期中。實驗的內容和分量的多少，應根據教學大綱確定之。

第二二條　實驗作業的目的如下：

（一）在實驗中用實際研究定律和原理的方法來鞏固理論課程的知識；

（二）研究機器、機械、兵器以及實驗儀器的構造；

（三）實際熟悉測量儀器與測量方法；

（四）獲得做實驗及分析結果的技能。

第二三條　除了有些時候需要幾個學員同時參加外，學員應單獨地進行實驗。

學員應按指導者的指示親自選擇器材、儀器，並安裝（或拆卸）做實驗所必需的裝置。

指導者應檢查每個學員做實驗的準備工作。檢查工作通常在實驗開始前獨立作業時進行。沒有準備好的學員不准參加實驗。

11

第二四條　除了進行表演性質的實驗以外，學員每次實驗都應做個人的書面報告。

三、課　程　設　計

第二五條　課程設計（課程作業）的目的是發揮學員的獨立工作能力，使其善於在實際中綜合和運用自己的知識。課程設計根據教育計劃的規定，按普通技術課程和專業課程實施之。

第二六條　課程設計的題目由教授會擬定，並個別地發給每個學員。在題目中要寫明每個階段的課程設計完成時期。必須適當地編製題目，以便使學員在做這些題目時能掌握課程的各重要部份，並能獲得獨立解決工程問題的初步技能。

第二七條　學員應獨立地在專門的設計室中，並在教授會指定的指導者和答疑者的觀察下進行課程設計（課程作業）。應用鋼筆寫成課程設計說明書，用鉛筆（或墨汁）製圖。學員必須在規定的時間內繳出課程設計（課程作業）。課程設計（課程作業）應以向考試委員會進行答辯的方式通過之。

四、野　營　教　育

第二八條　野營教育是專業課程和戰術教育在教學過程中的有機組成部份，其目的如下：

（一）在最近似於實戰的條件下，來鞏固戰術教育的理論知識；

（二）進行各種實彈射擊；

（三）實際研究技術兵器和各種儀器的實物；

（四）獲得對戰鬥車輛的駕駛技能；

12

（五）進行體育和射擊教練；

（六）進行地形作業、測量作業及工程作業。

第二九條　爲保證野營教育所需的服務人員、兵器、彈藥以及其他器材，教授會應擬寫申請書經系主任送交教務部。

第三〇條　組織野營學習的野營首長和野營司令部由院長以命令委任之。野營結束後，野營首長應立卽將教學任務的完成情況向院長作書面報告。

第三一條　計劃野營作業時，通常每天按八小時計算。

課 堂 討 論

第三二條　課堂討論是在教員領導下集體的實際作業。課堂討論的主要任務是深入研究教學大綱中基本的和最複雜的問題。每章課堂討論的計劃附有參考書目，應於開始講授該章課程時卽發給學員。該計劃應由教授會主任批准。

第三三條　主持課堂討論的教員應有主持討論的工作計劃，計劃中規定項目如下：

（一）引言的內容；

（二）課堂討論計劃中研究各問題的時間分配；

（三）必需啓發使之積極參加討論某些問題的學員名單。

第三四條　課堂討論的進行程序應由教授會規定，並可依下列程序進行：

（一）教員的引言；

（二）討論本課問題（學員發言）；

（三）教員總結。

第三五條　課堂討論應建立在生動而有創造性的討論本課問題的基礎上，應建立在同志間不受拘束的辯論的基礎上。

課堂討論按照課題範圍的大小，可進行二小時至六小時。

教 學 實 習

第三六條　教學實習在本院教學生產實習工廠中進行，其目的是：

（一）研究金屬冷加工底基本方法（鉗工、車工、銑工及其他）；

（二）研究金屬熱加工底基本方法（鍛工、壓鍛及鑄工）；

（三）初步研究各種機床及其使用方法；

（四）實際應用最簡單的量具；

（五）實際掌握建築施工。

第三七條　爲了領導學員在實習工廠中的作業，應由有關教授會指定教員作指導者，並委派直接領導學員作業的熟練技師去幫助教員。

每個學員應取得個人作業題，指導者應按製成品的質量來評定作業完成的好壞。根據教學大綱規定作業的要求來評定教學實習的測驗成績。

實習工廠內作業的組織和進行，通常每天以八小時計。

生產實習與部隊見習

第三八條　生產實習與部隊見習是專業課程教育不可缺少的部份，照例也是它的完成階段。

14

實習與見習的目的是：

（一）鞏固專業課程的理論知識；

（二）研究軍用器材底特種生產與生產的組織及工藝學；

（三）研究試驗與檢查軍用產品質量的方法及技術；

（四）教會學員能將在本院所獲得的知識運用到部隊的實際中去；

（五）研究部隊現有技術兵器的維護、戰鬥使用和組織修理的各種條件。

第三九條　生產實習和部隊見習的大綱和作業題，都由教授會擬訂。生產實習和部隊見習是在教授會的教員領導下進行。在實習與見習的地點可聘請工業工程師、部隊指揮員和部隊工程師參加指導。

第四〇條　進行生產實習與部隊見習的地點及對象，由有關教授會和有關各系選擇。與生產實習及部隊見習有關的組織問題，由院教務部會同各系共同決定。因此，全院的生產實習與部隊見習的實施計劃應按學年擬訂之。教務部製定必要的申請書，呈交中央有關各部，並與其訂立學員的生產實習合同。

第四一條　實習指導者應負責生產實習的質量與組織。實習工作日通常爲八小時。

指導者把研究個別問題的個人作業題分發給學員；作業完成後，學員應立卽呈交書面報告。

第四二條　系主任對生產實習和部隊見習的進程應組織與計劃檢查。

15

第四三條　實習指導者應按全部實習大綱對學員進行測驗或考試。生產實習或部隊見習結束後，指導者應立即作出詳細的書面報告。此報告應在教授會會議上進行討論。

生產實習與部隊見習的總結應在一個系或幾個系中性質相近的教授會的聯席會議上進行討論。組織生產實習、部隊見習及其實施方法上的經驗，應在全院範圍內進行討論。

第二章　學員的獨立作業

第四四條　在本院學習時間內，學員應該學到教育計劃中所規定的各課程的淵深知識，並獲得善於獨立工作的能力。

學員是否能順利地進行獨立作業，首先決定於教課的高度科學水平以及創造性的講述。

第四五條　學員的獨立作業就是他的職責，也是決定本院教學成就和學員將來實際事業成就的要素之一。因此，必須給學員足夠的獨立作業時間。一切首長與計劃機關必須嚴格地使自己的工作日曆與課程表相協調。使用學員的時間作教學活動以外的其他活動，其中包括會議與集會在內，應嚴格遵照批准的作息時間表的規定。

第四六條　獨立作業能使學員消化教材，應由學員在整個學年中經常地來進行；分配給獨立作業的時間，應全部僅用於獨立作業。

如需在規定的獨立作業時間內進行其他工作，只有在特殊的情況下，並經院長親自准許，方可進行。

第四七條　獨立作業應包括：

（一）在研究所指定的資料（教科書）的基礎上，用整理自己筆記的方法來正規地鑽研所講的材料；

（二）及時完成報告作業及其他課外作業；

17

（三）做練習與課堂討論之前的準備；

（四）做實驗之前的準備；

（五）做課程設計和畢業設計；

（六）研究技術兵器的實物；

（七）準備測驗與考試。

第四八條　對每種課程的獨立作業時間，應由學員自己按照教材的分量和本人的具體情況來計劃。系和各教授會的首長應該檢查和指導每一個學員的獨立作業。

第四九條　系主任對本系的學員，負有保證其獨立作業的責任。系主任有責組織獨立作業的計劃工作，並在必要時加以檢查和幫助。

教授會主任應根據本教授會的課程，來組織學員的獨立作業，其方法如下：

（一）向學員介紹最合理的獨立研究教材的方法；

（二）綜合學員獨立作業的經驗；

（三）設法幫助個別學員消化教材。

第五〇條　教授會只能將學員所學過課程的主要部份包括在報告作業內。課外報告作業的分量和內容應由教學大綱規定之。應絕對禁止發集體的課外作業題。

第五一條　凡沒有及時完成教育計劃及教學大綱所規定的一切報告作業的學員，不得參加考試。

畢　業　設　計

第五二條　畢業設計是本院教育學員的完成階段，其目的如下：

（一）使學員的理論知識系統化，並加以鞏固之；

18

（二）發揮學員計算製圖和實驗的能力；

（三）鞏固學員獨立解決工程任務的能力；

（四）了解學員的專業素養程度。

完成了教育計劃所規定的全部測驗和考試，並經過了教育計劃所規定的生產實習與部隊見習之後的學員，才准許作畢業設計。

第五三條　畢業設計（畢業作業）的題目由教授會擬定，並應包括學員所學過的主要專業課程。學員的畢業設計題目及畢業設計指導者的任命，均須由系主任以指令確定之。指導者可從各基本專業教授會的教員中委任之。

第五四條　畢業設計的題目，應由指導者擬定，教授會審核，經系主任批准；並至遲須在設計作業開始前四個月發給學員。

第五五條　指導者每星期不少於一次檢查學員對畢業作業的完成情況。指導者有責指導學員的畢業設計，介紹學員一些必要的材料，指出其錯誤，但不能代替學員改正錯誤，以保證學員作業的完全獨立性。

第五六條　在學員作畢業設計（作業）的過程中，教授會要組織定期的檢查。關於允許學員去參加國家考試委員會畢業設計（作業）答辯的問題，由教授會根據指導者的報告決定之。

第五七條　學員將完成的設計呈交指導者。關於學員的作業及所完成的畢業設計（作業）質量，指導者應提出書面的意見，並於其上簽名。畢業設計（作業）應加以評閱。

答　　疑

第五八條　答疑應根據教授會主任的指示組織之，其目的是在學習某課程時，通過向學員解釋在獨立作業過程中所發生的具體問題，來積極幫助學員。

第五九條　教授會應有答疑人員輪值表，表中應指出答疑的日期、時間和地點。在需要向某些學員解釋共同的問題時，可進行集體答疑。禁止答疑者在答疑中代替學員或與學員一起做課外作業、計算和製圖。

第三章　教學過程的檢查

第六〇條　教學過程檢查的目的是：

（一）查明講述的材料是否符合教學大綱與教育計劃的要求；

（二）檢查教課的思想理論水平、科學水平及教學方法；

（三）幫助教員提高教課質量。

第六一條　檢查學員的學習，應在各種教學方式進行中實施之。其方法如下：

（一）各級首長親自觀察學員的作業；

（二）進行考核作業；

（三）找學員座談；

（四）上課時的抽問。

第六二條　檢查教課的組織與質量，除院長與副院長外，由各系系主任與副主任、院教務部部長與副部長、教授會主任與副主任、各系教育科科長進行之。上述首長本人應訂有每星期一次到兩次檢查巡視的計劃；而各教授會主任與副主任對本教授會每一個教員的巡視，每一學期至少須有三次。每次巡視教課、考試及測驗的結果，均須填入檢查日誌內。此日誌由教授會保存。

第六三條　每月一日，各系教授會應把檢查日誌繳送系

21

教育科，而各院教授會則送交院教務部，以便對日誌內的記載進行分析；然後向院長提出報告以便採取必要的措施。

第六四條　爲了檢查學員對教材的領會程度，教員應進行考核作業。考核作業與測驗作業的實施計劃，須與每學期的課程表同時製定，並由各系系主任批准之。

此計劃應規定各次考核作業（測驗作業）與課堂討論之間至少須相隔四天，並應與學員課外作業的負担量相適應。

第六五條　教員有權對學員進行檢查抽問，但此種檢查抽問不能作爲學員成績總評的依據。抽問的時間應與專科主任商定之。

第四章　考試與測驗

第六六條　學員在每學年及在本院全部時間內對教學大綱所規定教材的學習成績，應依其在各考試時期的考試成績和個別理論課程、實驗、生產實習及部隊見習等的測驗成績而確定。

考試和測驗是評定學員對教學大綱所規定的全部教材領會程度的唯一方法。各課程及實際作業的考試與測驗，應根據教育計劃確定之。

第六七條　測驗和考試日程表，由系的教育科在教務部的領導下製定之，並須經院長批准。

第六八條　提前對個別學員進行考試，須經系主任許可；而對學習班———則須經院長許可。

第六九條　所有的考試，都應按卡片制度進行。考試卡片的內容應包括教學大綱中的一切主要部份。

考試卡片由講授該課程的教員製定，經教授會會議審查。院教授會的考試卡片由科學教育副院長批准；而系教授會的———則由系主任批准。

每張卡片應不超過三個從教學大綱不同章節中所選出的問題，並且按其分量預計在二十至三十分鐘內可以囘答完畢。

在考試中可檢查學員的理論知識及用理論解決問題的能力。

學員必須按整個教學大綱來準備考試。考試前嚴禁使學員知道考試卡片上的問題。

第七〇條　考試的實施程序：

23

（一）學員向考試者報到，並呈交學員成績手冊；

（二）報到後，學員經考試者准許從現有卡片中抽出一張，將試題誦讀一遍並說出卡片號碼，而後去準備回答。準備時間不得超過三十分鐘；

（三）準備好後，學員報告自己準備完畢；經教員准許後，回答所提出的問題。

學員對卡片內問題的回答，通常不應打斷；應使學員能夠在二十至三十分鐘內講完整個卡片的內容。

第七一條　爲了檢查學員對卡片上未包括的本課程其他部份的了解程度，必要時教員可提出補充題，也可以根據回答的要點提出更明確的問題。在此之後，教員即宣佈成績，並將其填入考試成績報告表及學員成績手冊內。成績按四級記分法評定，即：「優等」、「上等」、「中等」、「不及格」。「不及格」的成績不填入學員成績手冊內。

第七二條　考試者本人應對學員成績評定的正確性負責。考試者對學員的知識必須提出高度的要求。無論那一方面任何人直接或間接想使考試者改變所評定的成績的企圖，都是嚴重破壞軍紀的行爲。一切類似情形的發生都應立即按級上報院長。

第七三條　考試由講授該課的教員或教授會的主任主持。

在進行考試的教室內，通常祇准有已拿到考試卡片的學員及有權檢查的人員在場。

在考試中回答問題時，禁止利用筆記、教科書及參考資料。

第七四條　在考試期間，如學員有多於兩門課程的不及

24

格，因成績不良應令其退學。

考試期間一門或兩門課程不及格的學員，必須在下一學期開學後兩週以內進行補考。

第七五條　測驗可以按課程的理論部份，也可以按實際作業部份進行；其方式有筆測，也有談話形式的口測。通常沒有專門的測驗時間。測驗是在每學期的上課時間內進行。課程實際作業部份測驗不及格的學員，不得參加該門課程的考試。

第七六條　實際作業的測驗由指導這種作業的教員主持。如果學員測驗及格，主持測驗的教員則在學員成績手册中記上「通過」二字。

國家考試與畢業設計答辯

第七七條　國家考試與畢業設計答辯是學員整個教育的完成階段，是根據國家考試期間所考的諸課程之現有教學大綱進行的。

第七八條　未通過教育計劃所規定的全部測驗及考試的學員，不得參加國家考試與畢業設計答辯。

第七九條　國家考試應在教育計劃所規定的時間內進行。

第八〇條　國家考試及畢業設計答辯由國家考試委員會主持。國家考試委員會是根據國家考試委員會條例而任命的，並根據此條例進行自己的工作。

第八一條　國家考試委員會應根據一般所採用的原則進行評分，即：「優等」、「上等」、「中等」、「不及格」。

第五章　對教授會與教學
人員的指示

總　　則

第八二條　教學人員及教學行政領導人員在學院中工作，是一個榮譽的義務，並應認為是特別的信任和職務上的提高。

第八三條　所有的教學人員，都是學員的教養者。他們應該以對黨、對人民政府的無限忠誠及高度愛國主義與國際主義的精神來教育學員。

在進行各種方式的教學時，每一教學人員（指導者）應對紀律和秩序的維持負全部責任。

第八四條　每一教員必須週密地準備當前的課程，並盡可能地利用院內的實驗室及教學專修室以保證教學的形象性。

第八五條　教員應該知道其所指導的學員有無教學用書及用具的情況，並應設法使他們獲得全部這些用書及用具。

第八六條　教員本人應對其上課的質量及教學的形象性負責。

教員的職責如下：

26

（一）以高度的思想理論水平及科學水平來進行教課；

（二）積極參加教授會教學方法的研究、外文參考書的翻譯及形象教具的改進等工作，以及科學研究工作和編寫工作；

（三）不斷提高自已的思想理論水平、專業素養、組織能力及教學能力；

（四）教育學員使其覺悟到學習是他們的主要職責，且祇有在本院整個學習期間有系統地進行獨立作業，方能保證高度的學習質量；

（五）發揮學員獨立工作的能力，並幫助學員消化課程的材料。

教 授 會

第八七條　教授會是本院教學與科學研究的基本組織，直接進行一門課程或數門互相有緊密聯繫的課程之教學工作、教學方法及科學研究工作。領導教授會一切活動者為教授會主任。

第八八條　院教授會統一講授各系中最普通的課程，並隸屬於科學教育副院長。社會經濟學教授會隸屬於院政治部主任。院政治部主任領導其工作並對其工作負責。

各系教授會統一講授本系的專業課程，並隸屬於系主任。

第八九條　教授會的工作範圍如下：

（一）負責教學人員的政治思想教育，並組織他們有系統的學習該教授會的課程及性質相近的課程；

（二）領導翻譯該教授會諸課程的蘇聯教學資料；

（三）整理譯出的教學資料並準備出版；

（四）繪製實驗設備的圖樣和說明書；

（五）編寫教科書、教學參考資料、實驗作業指導及該教授會各課程的講課提綱（專業教授會則編寫全文）；

（六）擬定及製作各種形象教具的樣式及模型；

（七）在本院建設時期，擬出實驗室房舍及專業教室建設的具體要求；

（八）討論保證教學所必需的材料（講義、習題、考試卡片等）；

（九）實驗室的組織及實驗室的進一步的擴充；

（十）擬訂和討論教學大綱；

（十一）審查和討論教授會的各種工作計劃。

第九〇條　教授會是進行教學方法研究工作的基礎。

除保證教學外，教授會教學方法研究工作的主要任務，是組織和保證教學人員對教授會各種課程的進修。

教授會教學方法研究工作可採取下列方式：

（一）佈置和討論關於馬克思列寧主義方法論及蘇聯高等學校工作經驗問題的科學報告；

（二）討論關於所授課程總的結構報告；

（三）討論各種教學方式的進行方法；

（四）在專業教授會中，有系統地審查和討論各門課程的講義；

（五）佈置由教授會主任、副主任所進行的示範講課與實際作業；

（六）討論關於組織和保證學員獨立作業的問題。

28

第九一條　每學期開學前在各教授會中應進行兩天至五天的教學方法研究會，以總結教學經驗及保證下一學期的教學。會議實施計劃，由教授會的上級首長批准。各教授會應在開展科學的批評與自我批評的基礎上，以廣泛的討論思想理論、教學方法及科學等問題來進行自己的工作。教授會會議公開地進行並記錄於教授會記錄簿中。爲了進行記錄，教授會主任應指定某一教員擔任祕書。

第九二條　教授會的全部工作，都應建立在有計劃的起點上。工作計劃有以下幾種：

（一）１９５３年８月——１９５７年８月這一時期的遠景計劃；

（二）學年計劃（每學年一個，分學期製定）；

（三）月份計劃（每月製定）。

上述計劃由教授會的上級首長批准之。

第九三條　戰術教育各課程的一切講義，均應逐字逐句編寫，並在教授會會議上討論。講義由教授會主任批准。爲了給學員進行實際作業，應根據教育計劃及綜合的教學大綱製訂想定，並應製訂教案。教案是教員的依據材料，其內容不得告知學員。

想定作業題及其教案至遲均應於開課前兩月之前同時呈請批准。

教　授　會　主　任

第九四條　教授會主任直屬副院長或系主任，是教授會和實驗室所屬人員的直屬首長。教授會主任應對教授會和實驗室之政治思想工作、教學工作、教學方法及科學研究工作

負責，並負責調選教授會和實驗室（專修室）之人員。

第九五條　教授會主任本人應對本教授會各課程的教課質量，整個教授會的各種活動以及每個教員的工作負責。

第九六條　教授會主任的職責如下：

（一）領導本教授會和實驗室所屬人員的政治思想教育，以對黨、對人民政府無限熱愛和忠誠，及高度愛國主義和國際主義的精神來教育所屬人員。

（二）負責鞏固本教授會人員中之軍紀；

（三）担任教課，首先是講授教授會一門以上的主要課程；

（四）領導計劃本教授會之全部工作；

（五）主持教授會的各種會議；

（六）參加教育計劃之擬訂；

（七）領導本教授會教學人員對教授會各課程及性質相近課程的研究工作，並領導提高教授會和實驗室全體人員的業務能力；

（八）組織本教授會所授課程的蘇聯參考書的翻譯工作，並組織教科書、參考材料及講義全文的編寫工作；

（九）分配本教授會教員的教學工作量，並檢查其完成情況；

（十）檢查教課及生產實習的質量；

（十一）領導製訂教授會各課程的教學大綱並直接參與此項工作；

（十二）領導對優等生的工作，並挑選其中最好的作爲研究生；

39

（十三）採取必要措施，及時而正確地建設實驗室和專業教室；

（十四）採取一切辦法，從物質技術上充實實驗室；

（十五）領導擬製實驗室（專修室）設備經費的表册與方案，並領導使用所發給的經費；

（十六）領導擬製爲進行實驗所需的各種形象教具、儀器及設備；

（十七）提出圖書館增添圖書的申請書；

（十八）將教員工作登記日誌送交教務部。

第九七條　教授會主任應按規定的工作量對學員進行教課。

教授會副主任

第九八條　教授會副主任隸屬於教授會主任，是教授會和實驗室一切所屬人員的首長。教授會副主任的職責範圍由教授會主任確定之。如該教授會担任數門課程時，則教授會副主任應領導其中一門課程；凡有關該課程的一切教學方法研究工作與教學工作，副主任應對教授會主任負責。

第九九條　教授會副主任應按規定的工作量對學員進行教課。

主 任 教 員

第一〇〇條　主任教員在教授會主任或副主任領導下進行工作。

除第八十六條所述教員的一般職責外，主任教員可領導一門課程的教員組，並應使其工作協調一致與加以督促

檢查。

第一〇一條　主任教員應參加與其所負責課程教學準備有關的各項工作（翻譯教學用書、開展實驗工作、製作形象教具及其他），並應對此負責。

第一〇二條　主任教員製訂課程的教學日曆，並檢查教員的執行情況。主任教員的教學工作量按規定的標準確定之。

教　員

第一〇三條　教員在教授會主任、副主任或主任教員的領導下進行工作。教員擔負第八十六條所述的一般職責。有經驗的教員可擔任講課；若講課時，則有責任檢查指導該課程實際作業的教員與助理教員的工作。

第一〇四條　教員的基本教學任務是指導實際作業和實驗。教員有責知道給學員講授的全部材料，並在實際作業時使學員能自覺地實際運用課程的理論。教員應經常地觀察學員的獨立作業，觀察其領會程度及掌握教材的範圍，把自己的意見轉告講課的教員及專科主任，並對學員進行個別的輔導。

第一〇五條　根據其準備教課的情況，完成教授會工作計劃中所給予自己的一切工作。

第一〇六條　教員教學工作量按規定的標準確定之。

助　理　教　員

第一〇七條　助理教員的職責除第八十六條所列舉的以外，就是主持學員的實際作業和實驗。

第一〇八條　助理教員在主任教員或某一教員領導下進

32

行工作。

實　　驗　　室

第一〇九條　實驗室是教授會的組成部份，它保證準備作與實施學員的實際作業　，　並保證教學人員和學員的獨立作業。

實驗室主任領導實驗室，隸屬於教授會主任。實驗室的全體人員隸屬於實驗室主任。

實驗室的工作如下：

（一）保證實驗作業（照例是對每一個學員）、課程設計、畢業設計及課堂表演；

（二）以教具、形象教具、儀器、各種兵器及設備的模型來保證講課、實際作業和練習；

（三）保證教員的科學研究工作及編寫工作；

（四）參加各種形象教具的擬定、製作　、　保管與修理；

（五）設計、擬製與定購教授會教學工作及科學研究工作所用的儀器和器材。

第一一〇條　實驗室主任應負責完成　實驗室　的各項工作、實驗室設備的完好可用及提高所屬人員的業務能力，並負責對實驗室全體人員之政治教育工作及紀律維護。

第一一一條　實驗室主任有責用一切辦法開展與鼓勵部屬的合理化建議和發明，並以此來改進教學。實驗室主任必須及時製定經費預算，呈交所需設備的增添及修理的申請書。

33

教 學 專 修 室

第一一二條　為保證教學及科學研究工作而不需要專業實驗室的教授會，則在自己的建制中應有教學專修室。

教學專修室主任領導教學專修室的工作，隸屬於教授會主任。教學專修室的全體人員隸屬於教學專修室主任。

教學專修室的工作如下：

（一）以教學用書、形象教具和備考材料來保證教員和學員的獨立作業；

（二）有系統地組織所教課程的專題展覽；

（三）收集、製作、修理與保管教學工作及科學研究工作所需之材料；

（四）以形象教具保證講課及其他各種作業。

為了保證學員與教員使用教學專修室所備有的各種材料進行獨立作業，教學專修室中應有可供使用的位置。

第六章 關於組織與保證教學過程所需的文件

第一一三條　組織教學過程的依據文件是：

（一）教育計劃；

（二）教學大綱；

（三）課程表。

上課日誌是統計學員到課人數，及記載教育計劃中該課程所完成的分量與其先後次序的文件。

第一一四條　經批准的教育計劃是組織、計劃及實施全院教學過程的國家文件。全院各系、各部、各勤務部門的全部工作，都應服從於完成教育計劃。

第一一五條　經院長所批准的教學大綱，是組織教員教某門課程與學員學某門課程的基本文件。教學大綱由各教授會按教育計劃所規定的所有課程製訂之。教學大綱必須經教授會會議討論，並經設有此門課程的系主任、教授會的直屬系主任及教授會主任簽字。上述人員應對教學大綱的內容、分量及與教育計劃的一致性負全部責任。教學大綱應根據下列各項製訂之：

（一）課程名稱；

（二）課程的教學目的；

（三）課程各部份的內容；

35

（四）實際作業（實驗、課堂討論、課程設計及其他）；

（五）課外考核作業，並附有完成此作業所需的時間；

（六）教材；

（七）課程各部份及各教學方式的時間分配表。

在教授會檔案中應保存一份教學大綱。系中（教育科）應有各專科的教學大綱合訂本。教學大綱應有足夠的份數，以保證全體學員的需要。

第一一六條　課程表是規定組織學員學習的文件，全院中的講課與實際作業都應按課程表進行。課程表按學期製定。課程表內每門課程的時數與分配的情況，應與教育計劃所規定的相一致。

課程表應由各系教育科在系主任的領導下根據教育計劃、教學大綱及作息時間表製訂之。

院教務部應使各系的課程表協調一致，並檢查各系教育科對此工作所進行的情況。

製訂課程表的程序：

（一）教務部（系教育科）必須在學年開始的兩個月前，將教育計劃中有關下學年的部份摘錄下來，並發給各教授會主任。

（二）教授會主任必須在學期開始的一個半月前，以書面向教務部（系教育科）提出下學期各年級及各學習班的教員分配表；填寫下學期各課程的教學日曆（講課、實際作業及實驗等的輪流次序），並附有發給課外作業的時間（在講完某課或在作完某一練習後）、課外作業的分量（以小時計

26

算）及自己對製訂課程表的希望。

此等文件均須經教務部部長審查和簽署；在此之後，未得教務部部長的同意不許更改。

（三）教務部應確定課程表的總編排（各系合併一起聽課的大班，負担特別重的實驗室之使用時間與日期等）。

在製訂課程表時，應着重注意教學方法的正確結構（每門課程及在每個學習日內講課與實際作業的輪流次序），所講材料（課題）的次序是否與性質相近的課程相配合等。

課程表須經系主任、教務部部長及系教育科科長簽字後，再經副院長簽署及院長批准。未經院長的允許，課程表不得有任何更改。

課程表的原本應在教務部保存四年，其副本在系教育科保存四年。

課程表批准後，各系教育科應將工作圖表發給教員。在學期開始前，每個教員應將自己工作圖表與課程表核對。

第一一七條　每個學習班應置上課日誌一本。上課日誌是統計學員到課人數，記載教育計劃數量上的完成情況、各種課程的進度及其進行次序的文件。

以下人員應負責正確地填寫日誌：

學習班長負責統計學員到課人數；

在各學習班（大班）上課的教員應負責記錄教學大綱完成情形。在填寫課題一欄時，教員應寫明講完了教學大綱中的那一個問題。

第七章　對上課時秩序的指示

第一一八條　上課規則（學習時間內的規則）根據院長所批准的總的作息時間表而確定。

上課前（號響之前）全體學員應在教室與實驗室內各就各位。在號音落後，教員應立即進入講堂（教室）。

當教員進入教室時，學習班（大班）的值日員應發出口令並進行報告。

第一一九條　在上課、獨立作業及答疑時，如遇院長、副院長、系主任及副主任、教務部部長及副部長、教授會主任及副主任巡視時，教員應發出口令並進行報告。若教員是非軍人，則由學習班班長發出口令並進行報告。

第一二〇條　除第一一九條所述人員外，其餘人員嚴禁在上課後（號音落後）進入講堂（教室）。上課時，不允許將教員和學員喚出教室。

第一二一條　在實驗室或教學生產實習工廠作業時，以及在做課程設計與畢業設計時，不發出口令，只由指導者或級職最高者進行報告。

第一二二條　在學習時間內，沒有院長的親自指令，絕對禁止使學員與教員脫離教學去進行其他任何工作及課程表中所未規定的活動。

第一二三條　下課號音落後，禁止拖延上課時間；各種

38

宣佈及通知應在上課前或全部上課結束後進行。課間休息時間，應當全部用來休息。但不允許在教員之前或未得教員之允許即走出教室。

第一二四條　每當無故停課、調動課程，教員遲到、缺席與代課時，系主任應親自向院長報告。

教授主任應將發生的情況按級上報。

第八章　全院在職人員的學習

第一二五條　全院所有在職人員的有組織有計劃的學習,其目的在於提高其政治、軍事及專業知識;對教授會與系的領導幹部來說,它是正確掌握組織與管理教學的一個重要而有效的方法;而對教學人員來說,則是深刻與全面地掌握本教授會的各種專業課程及其性質相近課程的方法。

在職人員的學習應包括下列各項:

　　(一)政治學習;

　　(二)軍事學習(戰役戰術學習、條令學習及其他);

　　(三)工程技術學習與專業學習。

對於全院在職人員的學習,由院長進行總的領導。

各部門(系、部及教授會)則由各部門的首長進行領導。

第一二六條　在職人員的學習時間,在系與教授會中,以一年為一階段計劃之。政治與軍事學習在全院範圍內進行。所以,此等學習應由院教務部來計劃。專業學習在系的範圍內或直接在教授會內進行。

第一二七條　各種學習都應編為大班(聽課的大班)及小組。大班與小組均應按照工作情況,並根據文化水平與專業水平編配之。

40

第一二八條　副院長應於八月一日前將下一學年在職人員的教育計劃呈請院長批准。

在職人員學習的教學大綱，應由有關教授會根據教務部的指示於八月十五日前和一月十五日前擬訂之。政治與軍事學習的教學大綱，應由院長批准；而專業學習——則由各系系主任批准。

第一二九條　全院在職人員都應參加政治學習與專業學習；軍事學習只有有軍籍的人員參加。由院長規定每週一天，作為在職人員進行各種學習的時間；工程技術學習與專業學習應按教授會總的工作計劃進行。

給在職人員所上的課，同時也就是所有教員都應從中學習的典型示範課。因此，應指派那些業務水平最高的及在教學方法上最有經驗的教員來担任這些課。

第一三〇條　各部門（各部及各教授會）的首長對其所屬人員到課情況及上課前的準備都應負責。

第一三一條　對軍事與政治學習，全體人員都應按教學大綱的規定通過測驗。

第九章　保證與組織教學過程的各部門及其負責人員的職權與職責

第一三二條　全院的教學過程由院長、科學教育副院長和政治副院長直接領導。

教　務　部

第一三三條　教務部是院長組織與領導教學過程的主要指揮機關。

教務部由教務部部長領導。教務部部長隸屬於科學教育副院長。

第一三四條　教務部的工作範圍如下：

（一）根據院長與上級機關的指示，組織與檢查教育計劃、教學大綱的及時製訂；

（二）檢查教育計劃與教學大綱的執行情況；

（三）組織與計劃在職人員的學習；

（四）組織與檢查全院教學方法的研究工作；

（五）確定各教授會教學人員的數量；

（六）組織野營教育、生產實習、部隊見習和畢業設計；

42

（七）檢查各系教育科與各教授會計劃與實施教學過程的工作；

（八）組織招生工作並保證預科學習的進行；

（九）組織翻譯、編寫與出版教學用書；

（十）組織本科一年級的入學考試；

（十一）保證國家考試委員會的工作；

（十二）寫出全院教學工作的學年報告；

（十三）保證教授會與學員的教學用書、製圖用具及其他教學用具。

第一三五條　院各部門應首先完成教務部關於保證教學的一切要求。

系　主　任

第一三六條　系主任隸屬於院長。系主任為系內全體人員的直屬首長，負責全體人員的學習、軍事與政治教育、教養、軍隊紀律及勞動紀律；並應對實驗室、教學專修室的情況與設備，系內技術兵器與教學器材的情況負責。

第一三七條　系主任的職責如下：

（一）以對黨、對祖國的無限忠誠及高度愛國主義與國際主義的精神，以完滿完成職務、高度的軍隊紀律與勞動紀律的精神來教育全體人員；

（二）研究系內全體人員，並了解他們的工作能力與政治品質；

（三）領導系內政治教育與隊列教育，領導系內教學工作、科學研究工作與教學方法的研究工作；

（四）領導擬訂教育計劃、教學大綱與課程表；

43

（五）組織在職人員的學習；

（六）組織學員成績的統計與考核；

（七）關心系內在職人員與學員的物質生活和醫療供應；

（八）領導擬訂建築系內房舍的原始材料；

（九）領導各教授會擬製形象教具、編寫及翻譯教學用書，並領導以儀器、儀表和軍用技術器材充實實驗室的工作。

系 教 育 科

第一三八條　系教育科是系首長計劃與保證系內教學不間斷進行的指揮機關。系教育科由系教育科科長領導。系教育科科長隸屬於系教育副主任。

第一三九條　系教育科的工作範圍如下：

（一）直接擬訂教育計劃；

（二）製訂課程表、測驗與考試日程表；

（三）收集各教授會的教學大綱，並按此大綱準備材料報告系主任；

（四）檢查教育計劃的執行情況；

（五）檢查各教授會對院長命令的執行情況及對系主任的教學指命的執行情況；

（六）製訂考核作業與課外作業的實施計劃，並檢查其執行情況；

（七）統計學員的成績；

（八）計劃本系在職人員的學習；

（九）檢查系內在職人員教育計劃的執行情況，並

44

統計其到課人數；

（十）製訂進行生產實習與部隊見習的計劃；

（十一）製訂爲保證教學請領物資技術器材的申請書，並送交有關部門；

（十二）彙輯各教授會爲開展實驗室工作所需的儀器、儀表、物資與軍用技術器材的申請書；

（十三）準備學員、在職人員學習與軍事教育的材料，並擬訂報告草案；

（十四）綜合學員的學習經驗與教授會的工作經驗；

（十五）分配給各學習班教科書與教學用具；

（十六）維持教室與講堂內應有的秩序；

（十七）檢查上課日誌的記載情況；

（十八）組織翻譯組的工作（製訂月份工作計劃並檢查其執行情況）。

專 科 主 任

第一四〇條　專科主任直屬系主任，是本專科內學員的直屬首長與教養者。年級主任隸屬於專科主任。

第一四一條　專科主任（年級主任）的職責如下：

（一）以對黨、對祖國的無限忠誠及高度愛國主義與國際主義的精神，以完滿完成職務及高度軍紀的精神來教育所屬學員；

（二）全面研究全體人員、並了解每一個學員的工作能力與政治道德品質；

（三）組織與檢查學員的獨立作業，並設法幫助

45

「掉隊」的學員；

（四）培養與發揚學員完成任務的意志與決心，機斷行事與頑強不屈；

（五）維護與鞏固模範的軍紀；

（六）參加本專科教學的組織與計劃工作；

（七）領導所屬學員的隊列教育、射擊教育和體育教育；

（八）進行學員的升級鑑定與畢業鑑定；

（九）進行學員的獎懲登記；

（十）關心所屬學員的正常物質生活與衛生供應的保證。

第一四二條　關於所屬學員的學習成績問題，專科主任（年級主任）應與教學人員保持經常聯系。按系主任所批准的個人計劃，專科主任（年級主任）應到所屬學習班聽課。

學 習 班 班 長

第一四三條　學習班班長由系主任從學員中提名，院長以命令任命之。學習班班長是本班學員的直接首長，他負責維護本學習班內的紀律，並隸屬於年級主任。

第一四四條　學習班班長的職責如下：

（一）維護本班學員中的軍紀；

（二）應是學習與遵守紀律的模範；

（三）填寫上課日誌；

（四）及時報告關於在進行各種課程與獨立作業時的不正常現象；

（五）及時按級上報關於本班內學員的物質生活及醫療供應的不正常現象。

46

教育與培養學員的制度應保證勝利地完成本院的基本任務：培養政治上堅定，對人民、對黨、對人民政府無限忠誠，有高度愛國主義和國際主義精神的軍事工程師；培養精通與善於正確使用本兵種技術兵器，並能夠獨立解決工程任務的軍事工程師；培養有高度紀律性、文化教養與軍事素養的軍事工程師；培養忠誠正直、勇敢頑強、機斷行事、有高度警惕性、不怕困難並善於克服困難的軍事工程師；培養善於教育與培養自己部屬的軍事工程師；培養體格堅強並能刻苦耐勞克服軍事勤務中一切艱難和困苦的軍事工程師。

附錄一　教授會應有的教學文件

（一）教授會各課程的教學大綱；

（二）教授會各課程的教學日曆；

（三）逐字逐句編寫的緒論、概論及結論，在專業教授會中——則要有逐字逐句編寫的全部講義；

（四）學年工作計劃（按學期）；

（五）月份工作計劃；

（六）教學檢查日誌；

（七）教授會會議記錄簿；

（八）學員課外作業一覽表；

（九）每個學習班的實驗作業圖表；

（十）教授會教學人員工作登記日誌；

（十一）答疑日誌。

附錄二　系教育科應有的教學文件

（一）經批准的教育計劃副本；

（二）經批准的教學大綱；

（三）課程表、測驗與考試日程表；

（四）教育科的學年工作計劃（按學期）；

（五）課外作業、考核作業和測驗作業底發繳時間計劃；

（六）在職人員學年教育計劃與教學大綱；

（七）學員成績統計（個人卡片和統計簿）；

（八）上課日誌；

（九）考試與測驗成績報告表。

附錄三　教務部應有的教學文件

（一）各專科和各系的教育計劃；

（二）教學大綱；

（三）課程表、測驗與考試日程表；

（四）教員工作圖表；

（五）教務部的學年工作計劃（按學期）；

（六）在職人員的教育計劃；

（七）各系教學工作與教學方法研究工作的報告。

军事工程学院考试与测验实施办法（草案）

档案提要

　　1955 年，《军事工程学院考试与测验实施办法（草案)》（以下简称《办法》）发布，共 19 条。《办法》主要明确了考试与测验的目的、实施的具体办法和有关规则。例如：考试按教育计划规定，在停课后进行，考试日程表经院长批准后在考试前一个月公布；考试依照考试卡片，用口述方式进行；考试成绩的评定，采用四级记分制（优等、上等、中等、不及格）；测验成绩的评定，一般只记"通过"和"不通过"；不及格的课程在四门或四门以上者，视情况决定其留级或退学。

　　1957 年，军事工程学院教务部制定《本学期考试工作的几项暂行规定》，对考试方法进行改革，明确考试方式可根据具体情况采用笔试、口试或笔试加口试的方式，理论性强的课程以口试为宜，计算问题多的课程以笔试为宜。

来源：国防科技大学档案馆馆藏（KW37-Y-WS.W-1955-020-010）

中国人民 解放军 军事工程学院考试与测验实施办法（共十六条）

根据「教学过程 组织基本条例」第四章製訂考試測驗實施辦法如下：

一、考試與測驗是評定學員對該課程教學大綱所規定的全部教材領會程度的唯一方法，各課程的考試與測驗應根據教育計劃確定之。

二、測驗可以按課程理論部份，也可以按實際作業部份進行，其方式有筆測，也有談話形式的口測，通常沒有專門的測驗時間。測驗是在每學期上課時間內進行。課程實際作業部份測驗不及格的學員，不得參加該門課程考試。

實驗部份的測驗，可以採取分段進行的方式（而不是集中在期末測驗全部內容）、每完成若干實驗後分段進行測驗，最後由教師在學員成績登記簿上簽寫「通過」或「不通過」。

三、有實習、實驗和課堂討論等作業的課程，由領導影作業的教師進行測驗，於考試前准行完畢，個別學員若有正當理由，經系主任批准，其測驗可在考試期間進行，個別學習班若有正當理由，經院長批准，其測驗可在考試期間進行。

四、考試按教育計劃規定，在停課後進行，考試日程表經院長批准後在考試前一個月公佈。

五、考試是由講課教師或教授會主任主持，若教授會人力調配不開，經批准的助教（院教授會、經科學教育部部長批准，系教授會經系主任批准），亦可參加主持考試。

修改考試日程表，必須經院長批准。

六、考試須依照考試卡片，用口述方式進行。考試卡片由講課教師製訂，內容應根據教學大綱的要求。卡片數目，應略多於教學班之學員人數。考試卡片須經教授會會議討論審查，科學教育部部長或系主任批准。

（一一）

七、考試前學員應根據教學大綱準備考試，在學員準備考試期間，教授會幫助學員的方法是個別

答疑與集體答疑。個別答疑，每個學習班每天以四小時為準，具體時間由教授會與系、科確定之，

地點在指定的答疑室。集體答疑是在教員瞭解學員較普遍存在的問題，並進行充分準備之後進行。集

體答疑的時間、地點，由專科主任與教員確定。專科主任應經常與教授會密切聯繫，以加強對學員的

指導。

學員應在獨立工作的原則下，訂出個人複習計劃，教員及專科主任應給予學員以必要的指導，但

不是代替學員訂複習計劃。在複習期內，學員在自覺自願的基礎上，可以互相幫助，但不能由任何方

面把學員劃分為固定的小組。對於個別在學習中感到特別困難的學員，專科主任應與教授會聯繫由教員

給予個別輔導。

八、各系教育科，應將經系主任批准參加考試（或測驗）的學員，按學號順序排列名單，以學習

班為單位，分別填入各課程考試（或測驗）成績報告表中，於考試（或測驗前）二週送三份給各課程

之主考教員（或主持測驗之教員）。

考試試場，統用各學習班之教室，由各系教育科在考試前佈置，考場所用文具等用品，均由系教

育科負責辦理。

九、考試的實施程序：

(1)主考應攜帶教學大綱、成績報告表、考試卡片等於考試前到達試場。各學習班的學員，地應

於考試前整隊列於試場門前，聞號音後，首先由班長進入試場，向主考報告，班長退出後，按考試順

序（由系教育科與專科主任在考試前排好，告知學員，此順序可不同成績報告表順序）指定前三名學

員場應試，第一名學員應為該班較優秀之學員，其餘學員在指定候考地點準備，按照預定的考試時間

到達試場。

（2）學員進入試場後，向主考報告，並交出成績登記簿經主考允許後發現有卡片中抽出一張，先讀出卡片號碼，再將試題誦讀一遍，如對題意有不明瞭之處，可向主考提出，經解釋後進行準備，第一名學員準備卅分鐘後卽應試（如不到卅分鐘已準備好，可提前應試）；第二名以後的應試學員，一般均多於卅分鐘的準備時間。但在前一名學員應試完畢後，主考卽可依次指定一名學員應試，或由其中先準備好的學員應試，應試學員不能拖延時間，前一名學員退出試場後，由候考學員遞補一名。

（3）應試學員準備好後，向主考報告並應試，主考在學員回答問題時，通常不應打斷，如回答中有較嚴重錯誤或離題很遠時，主考才得打斷並予以糾正。在考試中主考教員對學員回答問題的遺漏部份或錯誤部份，不能向學員作暗示性的「啓發誘導」。只能把問題換一個方式提出來，以明確題意，或提出補充問題。

（4）主考爲了正確評定學員成績，於必要時可在敎學大綱範圍內向學員提出卡片內未包括的補充問題。

（5）學員對所抽卡片題目不能回答時，可以請求主考更換卡片（只能換一次）經主考允許後，仍應給予卅分鐘的準備時間，但成績不能給優等。

十、主考教員應對學員成績評定的正確性負責，因此必須按照評分標準實事求是的評分，任何想直接或間接使主考改變所評分數的企圖，都是嚴重的破壞紀律的行爲，凡遇有此類情況，都應立卽按級上報院長。

兩個以上教員所開的課程，考試時可有兩個主考但不得超過兩個），評分可採用商議方式，評定一個分數，但須有兩個主考同時簽名。

分數評定後，主考將成績逐項正確登記在成績報告表與學員成績登記簿內，並簽字負責，不需向學員說明評分理由，如果學員提出希望知道回答中所犯錯誤時，主考可在考試後個別答覆。

（二）

在規定考試時間內，學員未到考者，主考人應在成績報告表上註上「缺考」字樣。

十一。考試成績的評定，採取四級分制：「優等」、「上等」、「中等」、「不及格」。測驗成績的評定，一般只記「通過」、「不通過」，但課程理論部份的測驗，課程設計、生產實習（或部隊見習）、製圖、分析化學實驗等測驗均按四級記分制。體育、射擊只記「通過」或「不通過」。

凡「不通過」或「不及格」的成績，均只記入成績報告表中，不記入學員成績登記簿內，考試成績記入與記分的測驗成績，均記入理論教育項內，測驗成績必須註明「測驗」二字，不記分的測驗成績記入實際作業項內）。

十二。各教授會應將考試測驗成績報告表，在當日廿二時前分送科學教育部教務處與有關系教育科，全部測驗考試完畢後，各教授會應作出成績分析的總結，送科學教育部。

十三。測驗不及格、不通過的學員，通常在考試前進行補測，具體時間由系教育科與教授會確定，不進行考試的測驗，經系主任批准，補測時間可在假期或開學後兩週內進行。

十四。學員在第一學期考試後，有四門課程不及格，〔補考，經院長批准〕若有三門以上課程不及格者，應令其退學，有三門及三門以下課程，若有特殊情理由，經院長批准，補考在假期或下學期開學後兩週內進行，補考後如仍有不及格的課程須進行補考，補考後如仍有不及格之課程，在特殊情況下，院長可准其在該學期內進行第二次補考，第一、二次補考後，如仍有不及格課程的學員，由院長處理。

十五。學員在第二學期考試後，不及格的課程在四門或四門以上者，視情況決定其留級或退學，在三門或三門以下者，得在假期或下學期開學後兩週內進行補考，補考後如仍有不及格之課程，空特殊情況下院長可准其在該學期內進行第二次補考，第一、二次補考後，如仍有不及格課程之學員，由院長處理。

十六。補考的具體時間及答疑，由教務處組織系教育科、專科主任與教授會確定，經批准後〔院教

授會經科學教育部部長批准，系教授會經系主任批准）實施。

十七。全部課程只有一門成績爲「上等」或「中等」而其它課程均爲優等的學員，爲爭高成績爭取優等生，可提出申請，經院長批准後進行複試，其時間與教授會商定。複試以學期一次爲限，並須按複試後新分數記介。

留級學員，其原來獲得「優等」或「上等」的課程，可免除休該課程，並免除其考試與測驗。

十八。考試與測驗規則：

(1) 應考學員進入試場不得攜帶書籍和筆記（經指定攜帶的資料除外），並不得中途離開試場。

(2) 試場應保持肅靜，並禁止吸煙。

(3) 應考學員，必須服從主考指導，耐心回答主考所提出的問題，對主考所定成績，不得提出質問。

(4) 考試完畢，應即退出試場，不得在試場附近停留，或將試題告知其他學員。

(5) 除有權檢查敎學之人員外，其他人未經院長批准，不得進入試場。

十九。四級評分標準：

(1) 優等：對所提出的問題，都能給予正確、完整、具体、熟練的回答。

(2) 上等：對所提出的問題，能熟練的回答，其中雖有錯誤或不夠具体完整，但均屬枝節問題。

(3) 中等：對所提出的問題，能回答出主要內容，但在主要部份上有少數錯誤或遺漏。

(4) 不及格：對所提出的問題，能回答出一部份，主要部份遺漏，錯誤較多。

军事工程学院专业技术课程教学方法基本条例（节选）

档案提要

    1955 年 4 月，《军事工程学院专业技术课程教学方法基本条例》（以下简称《条例》）发布。《条例》是指导专业技术课程各种教学方式组织实施的基本依据，共有 5 章。本篇节选《条例》第一章，名称为"讲课、备课和讲授"，共 29 条，对讲课、备课和讲授的作用及实施方法作出详细的规定。

    《条例》第二章规定了技术兵器实际作业的准备工作和实施方法；第三章规定了实验作业的准备工作和教学方法；第四章明确了课程设计的特点、目的及其在教学过程中的地位，课程设计的各项准备工作及实施过程等；第五章规定了工厂生产实习的组织和实施方法。

来源：国防科技大学档案馆馆藏（KW37-Y-WS.W-1955-017-005）

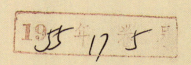

中國人民解放軍軍事工程學院
專業技術課程教學方法基本條例

（第一部份初稿）

第 一 章

講 課、備 課 和 講 授

一、講課是教育和培養學員奠定其科學知識基礎，並樹立其革命人生觀的最重要的方式。

講課時，應該：「……提出所講課程的基本概念，並指出應詳盡研究該課程的方向……」（列寧）；同時，「……在所有的學校裏，最重要的，就是講課的政治思想方向……」（列寧）

二、應以共產黨的立場來講述課程，堅決揭發資產階級科學底反動本質；凡與馬克思主義相違背的思想表現及庸俗的曲解，都必須與之作堅決鬥爭。

一切講課應建立在馬克思列寧主義方法論的原則上，同時還應闡明科學發展的辯證過程。

三、講課的科學思想，應以現代的科學技術爲基礎。

講述科學的發展及其成就諸問題時，必須闡明蘇聯科學的先進作用及先進的中國科學家的作用。

講課應與蘇聯共產主義建設的實踐，與人民新中國和各人民民主國家社會主義建設的實踐，與中國共產黨各項指示中所提出的任務，以及與中國人民解放軍戰鬥教練與政治教育的任務有機地聯系起來。

四、講課時，應闡明新的、業經論證的科學原理，以及對該項科學進行創造性研討而得出的最重要的結果。必須培養學員要具有那樣一種堅定的信念，即：「…………任何科學，如果沒有意見的爭論，沒有自由地批評，都是不可能發展，不可能進步的。」（斯大林）

五、講課時，必須闡明所研究的那門科學的理論基礎，提出基本原理和公式，詳細解釋這些原理和公式的物理本質及其對國防和國民經濟的實際意義。至於研究發揮講課時所講述材料的課程的次要方面，應讓學員去獨立鑽研。

講課時，應給學員指出獨立作業的方法。

六、凡沒有教科書及有系統的教材的各門科學課程，都應編寫講義或詳細的講授提綱。講義應按課程理論部分的各個章節（題目）來編寫，它是教員給學員講課時的基本依據。

所編寫的講義，應按所需要的數量複印（打印或印刷）若干份，以便學員學習該門課程時用以作爲基本教材。

所編寫的講義在每次講授之後，應加以修改和充實。凡在科學方面和教學方法方面編寫完善的講義，即可作爲進一步編寫各課程教科書的依據。

七、編寫講義時，應以經過審查和批准的教授會的課程大綱爲依據，新教員應從得到教授會主任的指示起，才開始編寫講義。

教授會主任的指示中應規定：講課的基本目的和任務，講述的先後次序，採用那些材料和編寫完成的期限。

八、編寫講義的教員應先研究一下學院現有的關於該問題的全部最新的參考書及其他有關材料，再訂出附有編寫每章或每題大致時間的編寫計劃。

講課和付印所必須的一切要圖、表格、圖解及其他形象教具，應在編寫講義的過程中準備好。

爲了使所講授的材料十分醒目和易懂，每次講課應儘量採用形象教具進行示範。供每次講課示範所需用的形象教具，應由講授該門課程的教員提出，連同講課的教學日曆一起在教授會會議上討論通過。製作形象教具應按照專門計劃來進行，此種計劃應在教授會會議上討論，並經過教授會主任批准。

九、只有經過不倦的、細緻的和創造性的勞動，並吸取最新穎的資料、科學研究工作的成果和在這方面的實踐成就，才能編寫出在思想上、科學上和教學方法上質量優良的講義。

十、講義須經教授會主任或副主任審閱，其中主要部分應提交教授會或各課程教學方法研究小組進行討論，討論時應將講義全文誦讀一遍。

講義經過討論後，應加以修改，然後送交教授會主任批准，並按所需份數複印。

十一、對於緒論和結論的編寫尤應特別注意。

緒論於講課開始時講授之，其時間不得超過兩小時。性質相近的課程可以寫一個總緒論，也可以一門課程寫一個緒論。

緒論的內容應包括下列諸問題：

1.課程的研究對象與任務，專業的性質，在專業範圍中該課程的作用；

2.該門科學的發展經過；

3.在科學與生產的發展上，中國科學家和蘇聯科學家所佔的優先地位；

4.科學的當前情況，最新發現和發明；

5.該門科學和科學家們，在鞏固國防與保證社會主義建設方面的作用、意義和地位；

6.在該門科學領域的發展中，社會制度和共產黨的作用與意義。

十二、詳細研究全部教課的材料之後，着手編寫緒論的全文。

在編寫講義之前，應先訂出編寫計劃和簡要提綱。計劃和提綱須經教授會會議審查與批准。

緒論編寫完畢後，應經教授會一兩位最有經驗的教員審閱。

講義全文須經教授會會議審查和討論。根據教授會指示，經修改後的緒論全文，應與馬克思列寧主義教授會相商討。隨後，在一個、最好是幾個性質相近的教授會成員參加下，進行試講或示範講課，以改善講課的教學方法。

緒論應由教授會富有教學經驗的、科學知識淵博的、並有一定政治水平的教員擔任講授。由於材料的特別重要性、複雜性和多樣性，在個別情況下可以照原文來講緒論，

4

但決不能給人這樣一種印象，即把講課當作照本宣讀。

十三、在每門課程進行完畢時講授結論。結論的目的是總結所學到的知識和瞻望該門科學的發展遠景。講授結論的時間不得超過兩小時。

結論的計劃和簡要提綱須經教授會審查與批准。應預先（於課程結束前的一、二月內）並全部寫好結論。

結論也應像緒論一樣，在教授會會議上進行試講與示範講課，以便改善教學方法。

十四、教室的技術設備（教鞭，各色粉筆，專門的講桌，置放形象教具的桌子和黑板前的講台等等）不僅要保證教員有便於講課的必要條件，而主要的是要創造一個適宜的環境，使學員在教員講授時能夠更好地領會所講授的材料。

十五、在講堂的技術設備方面，教室的設計和大小有着首要意義，教室的設計和大小應保證每個學員能夠清楚地聽到教員的講課和清楚地看到教員寫的字，能夠靜肅地記筆記，繪製圖表和觀看所表演的形象教具。

要保證上述條件，特別必須做到下列各點：

1. 要有一塊適當尺寸的、無光澤的黑板，黑板要懸掛得很恰當，使學員從任何一個座位上都不至看到黑板上有晝光或電燈光的閃耀；

2. 書桌要擺得很合式；

3. 要保證教室能夠隔音，以便講課時不受外面喧雜聲音的干擾；

4. 大講堂內，應設置專門的通風設備，以便課間休息時能迅速地通換室內空氣。

十六、組織供講授最重要和最機密的課程使用的專門講堂，具有特殊意義。

這些講堂除上述所列舉的設備以外，還應有便於廣泛表演各種形象教具的專門設備，如：裝備和兵器模型，實物模型和某些物理現象的表演設備等。

各個專門講堂應有放映幻燈片的設備，而其中某些專門教室還應備有電影放映機。

此外，還必須按講堂專門化的情況，適當按裝電能、壓縮空氣與用水等。

十七、為了佈置專門講堂，凡撥有適當房舍的各教授會，應派專門人員負責該房舍，其職責如下：

1. 製訂佈置和裝飾講堂的計劃；

2. 保管各項設備，並負責進行適當的修理；

3. 與教員共同準備每次講課的示範表演。

十八、一切講堂，也包括專門講堂在內，都應設置輕便的吊架，例如懸掛各種要圖和圖解的固定支架。這種支架應放在黑板的兩側，以便能同時展示兩份掛圖。

講課時須要展示的要圖和圖解，應預先就在支架上掛妥，並且要掛得合乎講課時的前後順序。

十九、在正式講授課程的內容以前，教員應用3——5分鐘的時間向學員簡要地講一下前次講課的內容及其主要結論；然後再講這次講課的題目名稱，它的基本章節名稱，講課的目的；其次，再講一講這次講課和前次所講的材料之間的聯系。講課的題目名稱應與教學大綱相應章節的名稱完全一致。最後，教員應給學員指出自學時的教學參考書。

二十、應使教員講課的速度做到使學員能夠隨時領會講課的內容和它的前後聯貫

性，並能作必要的筆記。講課不要太快，如果學員聽不清楚所講問題的聯系，就會左顧右盼地看旁人筆記和交談起來，這樣就會使講者與聽者之間失掉聯系。同樣也不要講得太慢和不斷地重覆，因爲這樣就會使人覺到枯燥無味。正常講課的速度應當是：只有講到題目名稱及其各章節的名稱、每章的轉折點（由這一章轉到另一章時）、定理的定義和公式時，才慢慢地講，這些甚至可以重覆講兩遍。

講授其餘部分時的速度，主要應以能保持讀者和聽者之間的不斷聯系爲準則。

二十一、教員講課時必須要有講課計劃與講課提綱。在下列情況下應使用提綱：準確表述某些原理、定律時，講述摘錄和引文時，在黑板上書寫必需的年月日和統計數值時，等等。

無論是提綱，無論是講義全文都不應逐字逐句地背誦和限制住教員。只有自由而深入地講解，才能幫助學員更好地領悟和提高他們聽課的興趣。

在敍述理論原理過程中，最好多引用個人實踐經驗中最鮮明的實例，各兵種作戰經驗的範例，以及科學技術成就方面的例證。這些例證能提高學員聽課的興趣，能幫助他們更好地領會講課的內容，同時能使學員聽課的緊張情緒得到某種調劑。

二十二、講理論課程和設計計算課程時，把摘要和結構圖繪寫在黑板上，對於學員更好地掌握講課內容與教育他們正確和清楚地記下筆記具有極大的意義。教員在黑板上繪寫摘要和結構圖時應清晰、正確、嚴整，並應遵照國家所規定的符號。

在黑板上繪寫要圖、結構圖和表格之前，必須標出要圖、結構圖和表格在黑板上要佔多大的位置。同時還必須給學員指出結構圖或要圖在筆記本上要佔多大的位置，以及表格要佔多大的篇幅。當向黑板上繪寫要圖和表格時，應當把縱行編成號碼。當在相應的縱行和橫行上抄寫公式和符號時，教員必須指出縱行和橫行的號數，以便學員無須再看黑板就能把教員所口述的有關公式和符號記到筆記本上。

必須嚴格地使口述和在黑板上繪寫或表演形象教具的動作同時進行。

教員在備課時，應當以在黑板上練習的方法，仔細作出各種要圖、結構圖與表格。

二十三、如果講課需要用陳列品、模型、儀器、要圖、或其他教材來說明時，那麼不應立即將全部東西都陳列在學員面前。應該逐次地示範和進行講解，這樣就可以把學員的注意力全部貫注在所講授的材料上。如能放映幻燈或短片電影來說明課程內容，則其效果更大。

二十四、每次講課（每個講題）結束時，都要適當地進行綜合和總結，指出講課的理論內容與實際的聯系。在對公式進行總結時，應予以分析，指出它的實際運用及該項公式所計算出來的數值的因次和結果的準確性。一切公式及插圖都應當編上號碼，以便講到適當地方時易於引證。

爲了鞏固講課的理論原理，必須解答實例與習題，這些實例與習題教員應預先予以解答。

講完了教學大綱的一定章節之後，如其中具有科學研究性質的內容時，爲使學員在科學協會中工作，必須給他們提出若干具體問題使之研究，同時須指出必要的參考文獻和學員應當遵循的基本指導原理。

二十五、講完一課或講完包括幾課的一定章節之後，最好抽出 5 —10分鐘來回答學

6

員的問題，倘若抽出的時間不夠用時，一部分問題可留在下次講課時再回答。號音落後，不許把學員滯留在教室內。倘若學員提不出問題，則應利用此時間講述一些預先考慮好的、與講課題目有密切聯系的補充材料；例如：教員可引用經驗和實踐中好的與壞的突出例證，並加以分析，來說明講課的結論或個別原理；也可以向學員介紹一些深入研究講課題目的補充材料，如各種論文等，使學員考慮如何把講課題目結論中所得出的結果再提高一步，爲了能自如地運用各種公式，可使學員繪製表格或圖表計算圖，這也能夠提高學員對科學研究工作的興趣。

如果顯然很必要、同時也必須瞭解前一部分講課中的原理之後，才能瞭解下一部分講課，那麼，提問題和解答問題的時間也可以放在講課的中間，亦即講完一部分之後。

二十六、教員應輪流檢查學員記筆記的情況，並指出聽課時記筆記的方法，這種檢查可在講課開始或終了給學員解答問題時，或在召集學員答疑時進行。

二十七、爲了使講課達到高度質量的要求，每一教員都應以科學和技術上新的成就，來不斷豐富自己所講的課，應當記住，沒有也不可能有任何一成不變的講課公式。每個人應該創造適合於他自己情況的風格。

講課成功的最主要條件，就是教員對課程要有鞏固的和淵博的知識，並且在講課時要與學員保持緊密的聯系。

二十八、教授會主任和主任教員應按預定計劃，以巡視課堂的方法來經常不斷地檢查講課的進行情況。此外，院首長、系首長以及有權檢查人員也應進行檢查。對講課的意見可寫在專用的巡視簿上、檢查卡片上，並簽名告知教員。

二十九、教員——教育者的以身作則，在培養學員的軍人紀律和嚴肅的軍容方面具有極其重要的意義。因此，教員的外貌應當整齊清潔，而有軍籍的教員，除此之外，還必須嚴格遵守着裝規定。

教員應當注意學員是否遵守軍人紀律的要求，他必須隨時隨地採取各種不同的紀律措施來糾正那些破壞軍人紀律和妨礙工作的學員，以及外貌不整潔或違反着裝規定的學員。

军事工程学院研究班暂行条例（草案）

档案提要

  1956 年，《军事工程学院研究班暂行条例（草案）》（以下简称《条例》）发布。《条例》分为三部分，对研究班的基本任务、招生章程、研究生培养作出具体规定。例如：报考人员必须通过入学考试，考试项目包括马列主义基础、专业课程和外国语。研究生的修业期限为 3 年。培养研究生的直接领导工作由院首长所委派的学术导师担任。学术导师必须是具有博士学位或教授学衔的教学人员，每个学术导师所指导的研究生不能超过 5 人。

  军事工程学院首期共招收季鑫泉、叶润培、胡守仁 3 名研究生，他们的导师分别是赵国华、胡寿秋、慈云桂。

来源：国防科技大学档案馆馆藏（KW37-Y-WS.W-1956-006-010）

中國人民解放軍軍事工程學院院　長批准
政治委員

（簽名）

一九五六年　　月　　日

中國人民解放軍軍事工程學院研究班暫行條列草案

一、研究班的基本任務：

1.學員研究班是培養科學教育幹部的主要方式。

2.研究生直接在系教授會或院教授會進行學習。

3.各教授会、各系以及全院研究生的名額应按編制確定之。

二、研究班的招生章程

(一)凡中國人民解放軍的將官和軍官，年齡在四十歲以下，受過高等教育或未經高等學校本科畢業，但經科學机關、高等學校或軍委各部、國防部、各軍（兵）種司令部証明其確實具有高等學校畢業生的水平和從事研究工作的能力並負責推薦的，並在健康方面能担負軍事勤務者，均可投考研究班。凡在院畢業的學員，其成績優良者，經系教學方法指導委員会推薦，可以直接投考研究班。

(二)凡中國人民解放軍各部隊和各机关的軍人，志願投考研究班者，可按級提出申請書，並將該申請書的付本直接呈報中國人民解放軍軍事工程學院院首長。

申請書应附有下列各項文件：

(1)高等學校畢業証書（原件）；

(2)自傳；

(3)原服務單位的工作鑑定書；

(4)黨政鑑定書。

研究班的投考生在接到學院的通知后，方可來院應試。

(三)凡投考研究班者，必須經過入學考試。考試的項目包括馬列主義基礎、專業課程和一種外國語。

各單位應給予投考生一個月的假期，以便使之能來學院准備功課和進行考試。

經入學考試錄取的人員，方可進入研究班。

(四)入學考試由院首長所委派的委員會進行之。委員會有下列人員組成：

主任委員由系主任，或採政委，或採科學教育副主任擔任之。

委員由接受研究生的教授會主任，負責入學考試課程的教授會主任和研究生所選的專業課程的主任教員擔任之。

(五)如果只有一個名額而有几個投考生時，應當優先錄取入學考試成績最好，並與所投考的教授會的專業具有實際工作經歷者。

(六)凡經錄取的研究生，以院首長命令公佈之。

三、研究生的培養

(1)研究生的修業期限（包括進行學位論文答辯），從入學起，暫定為三年。

(2)院首長對培養研究生工作的總的領導，是通過系首長、教授會主任、教務部部長和科學研究部部長進行的。

系首長和教授會主任對培養研究生的工作直接向院首長負責。

教務部預責組織辦証唯物主義和歷史唯物主義、外國語及與院教授會有关的其他課程的講授。

并负责检查研究生教育计划和研究班条例的执行情况。

科学研究部保证研究生按教育计划所规定的期限编写好学位论文和进行答辩并经常进行检查。

学位论文选题应列入学院科学研究工作计划内，并须提供相应的物质技术器材和经费。

（3）独立工作乃是培养研究生的主要方法。培养研究生的直接领导工作由院首长所委派的学术导师担任。学术导师必须是具有博士学位或教授学衔的教学人员，他对每个研究生的学习质量负责。

每个学术导师所指导的研究生，不能超过四至五人。

学术导师对每个研究生所担任的教学工作量，每年以五十学时计算。

附註：1. 学术导师可以聘请其他科学机关和学校的有关专家来担任。

2. 如果教授会缺乏具有上述学位或学衔的人员时，可以委派科学副博士和副教授以及具有同等学术水平的人员担任学术导师。在个别情况下，经院务委员会同意还可以委派教授会有经验的讲师来担任。

（4）学术导师必须：

1. 指导研究生拟订个人计划并督促其完成；

2. 指导研究生选择学位论文题目，收集必要的资料以及编写学位论文；

3. 按照教授会的课程编写副博士考试大纲；

4. 指导研究生的科学研究工作；

5. 检查和指导研究生准备副博士考试的独立作业。

学术导师应特别注意培养研究生的独立钻研能力。

学术导师于每学年终了要对研究生作出评定。在评定中应说明研究生的能力和他对科学研究工作与教学工作的进修程度，及其在一年中完成个人计划的情况。

106

評定应經教授会会議審查。其中主要情況应列入教授会主任以后所寫的总鑑定内。

二

(5) 研究生的个人計划应包括下面各項内容，并須提出完成期限：

1. 准備和進行副博士考試及測驗；
2. 編寫讀書报告並在一定的会議上报告；
3. 進行生產实習，部隊見習和教学实習；
4. 編寫学位論文；
5. 參加教授会会議；
6. 進行学位論文答辯。

研究生制訂个人計划時，其工作日按八小時計算。研究生的个人計划經教授会会議討論后，由教授会主任在研究生入学后兩个月内报系教学方法指導委員会，並呈系首長批准。研究生每年必須定期（至少兩次）在教授会会議上报告个人計划的執行情況。

(6) 研究生必須通過副博士考試。考試課程如下：

辯証唯物主義和歷史唯物主義，基本專業課程及與論文有关的專業課程，外國語，以及測驗一至兩門性質相近的課程。

各專業課程的副博士考試大綱由学術導師編寫，並必經教授会会議討論和采教学方法指導委員会審查，然后呈系首長批准。

辯証唯物主義和歷史唯物主義，外國語和性質相近的課程的考試大綱由有关教授会編寫，並呈校長批准。

全部考試大綱应在每年九月分重新審查一次。

考试期限，至遲应于第二学年的上半年，在个人計划中确定之。

考試由考試委員会主持。委員会的組成如下：

主任委員——由系主任或系政委担任；

委員——由敎授会主任、学術导師及考試課程的主任敎員担任。

經院首長批准后，还可聘請其他專家担任考試委員。

(7) 研究生的学位論文题目应在擬定个人計划时即提出來，並在第一学期間加以确定。在第一学年的下半年由系首長呈院首長最后批准。

(8) 培養研究生的敎学工作能力应在整个敎育工作期間內進行之，其內容是：

1. 獨立鑽研有关敎育方面的書籍；

2. 聽学術导師和其他敎員講課；

3. 在敎授会進行試講；

4. 在整个学習期間獨立進行六十至一百学时的敎学工作；

5. 參加敎授会的敎学方法研究工作。

研究生的科学研究工作包括：編寫两、三篇讀醫报告并在敎授会会議上或系敎学方法指導委員会会議上报告，准备学位論文。

(9) 研究生隸屬于敎授会主任，是敎授会的成員。他同敎学人員一樣享有使用敎授会的設备、实驗室、專修室、資料室等权利。

(10) 研究生不參加軍官学習制度所規定的学習，但必須參加給敎授会或系的人員所組織的时事政治問题报告和討論会。

(11) 絕對禁止使研究生參加與完成个人計划无关的工作或担任超過定額（一百学时）以上的敎学

三、

工作。

凡研究生所担任的教学工作，每次都应由教授会主任按级上报，並經院首長批准。

(12)按軍官服役條例授予研究生軍銜。

(13)研究生的薪金按原來職務發給。如果原來的薪金低于教授会助教薪金時，則按助教的薪金發給之。

(14)每年应發給研究生一部分科学圖書費。其數額等于研究生半个月的薪金。此外，还应設法使研究生每年能夠在院外獲得約五十学時的學術答疑。其答疑費由学院支付。

(15)研究生每年享有與教学人員同樣的休假权。

(16)研究生如不能按期完成个人計划，而又有無充分理由時，即取消其研究生資格。

(17)凡全部完成个人計划並通過科学付博士学位論文答辯者，始准許畢業。凡完成个人計划而成績（续）由

特別優異者，可按照規章給予獎勵。

(18)研究生畢業后，可担任本院教授会教学人員的职务（但不能低于教員）。或由中國人民解放軍總干部部另行委派其他適當的职务。

中國人民解放軍軍事工程学院
科学教育部部長

一九五六年 月 日

军事工程学院毕业设计答辩程序和评定暂行办法

档案提要

　　1957 年 10 月 28 日，学院教务部制定《军事工程学院毕业设计答辩程序和评定暂行办法》（以下简称《办法》），共 15 条。《办法》详细规定了毕业设计答辩的各项流程和评定办法。例如：学员毕业答辩报告时间为 25 ~ 30 分钟；答辩的总成绩采用四级计分制（优等、上等、中等、不及格）；未通过答辩的学员，可以由毕业设计答辩委员会决定，在次年下届毕业设计答辩委员会会议上对该项设计再行答辩；对未通过答辩的学员，发放肄业证书。

　　1957 年底，军事工程学院根据《办法》成立了第一期学员毕业设计答辩委员会，从军内外 22 个单位邀请了 55 位专家来学院开展毕业设计答辩工作。参加此次毕业设计答辩的有 654 名学员。

来源：国防科技大学档案馆馆藏（KW37-Y-WS.W-1957-012-002）

中国人民解放军军事工程学院

毕业设计答辩程序和评定暂行办法

一、每天答辩的人数，由答辩委员会分组组长根据答辩委员会系分会主任委员的指示确定之。

二、学员进行答辩的次序，由系首长确定之。

三、答辩应该在庄严的情况下进行。

四、向毕业设计答辩委员会呈交每个进行毕业设计答辩学员的文件如下：

1. 系首长关于学员完成教学计划及其各门课程成绩的证明书。

2. 学员的毕业设计（说明书和图表），该设计应经教授会主任签字同意进行答辩。

3. 毕业设计指导者的结语。

4. 毕业设计评阅者的评语。

五、悬挂图表等准备就绪之后，设计答辩学员即向毕业设计答辩委员会分组组长报告答辩准备完毕。

报告词是："（分组组长的军衔）×××同志！毕业生××（军衔）×××（姓名）毕业设计答辩准备完毕！"

在报告时，答辩委员会全体人员起立。

六、学员答辩委员会分组组长准许后，即开始报告毕业设计的内容，报告时间为 25——30 分钟。

七、报告结束之后，答辩委员会分组的全体成员可以向学员提出有关设计内容的任何问题。

答辩委员会委员应对学员的每一个回答作出评定，并将评定记入自己的记录簿内。

八、对所提出的问题答复完毕之后，答辩委员会分组秘书宣读设

计指导者的结语和设计评阅者的评语。

九、答辩委员会分组组长征求学员对评阅者的评语的意见。学员回答后，答辩委员会分组组长向学员宣布，退出答辩室。

十、每一设计答辩以后，答辩委员会分组举行密秘会议讨论答辩的结果，并以表决的方式来决定设计答辩的总成绩（按四级分制）。

如果票数相等，组长有权作最后决定，并将决定记入记录内。答辩委员会分组成员须在记录上签字。

附註：答辩委员会分组的每一个成员在评定毕业设计答辩时均应以下列各点为依据：

1. 说明书的质量（题目、计算、图表、试验的分量、条理性创造性等等）；

2. 制图作业的质量；

3. 报告内容；

4. 对答辩时所提问题答案；

5. 评阅者的意见；

6. 指导者的结语。

如果毕业设计全部完成，图表清洁整齐，合乎规格，报告内容和对所提问题的答案根据确凿，思想性强，技术水平高，可评为"优等"。

如果设计不但具备上述全部条件，而且在理论、设计或其他问题上还具有独特的见解，则应评为优秀设计。同时答辩委员会应对该项设计的今后使用作出决定。（如送设计局、科学研究所、在本院的学报上发表等等）。

如果学员的题目虽全部做完，图表也合乎规格，但答案和上述作业的质量不合乎优等要求，则评为"上等"或"中等"。在这种

情况下，也同平时放试一样，评定是一种比較性质的。

如果整个毕業設計的质量低劣，或者学員对所完成的毕業設計不能进行答辯，則評为"不及格"。

十一 每一个毕業設計答辯应有單独的会議記錄，由分組秘書进行。向学員提出一切問題，均应記入記錄內。

十二 对完成了教育計划，各門課程獲得"优等"和"上等"成績同时通过毕業設計答辯，并获得"优等"成績的学員，应发給"优等"毕業証書。并将此事記入答辯委員会会議記錄內。在这样情况下，各門課程的"优等"成績应不少於７５％，其余均为"上等"成績。（此条根据优等生奖励办法实施，答辯委員会可酌个評定）

十三 沒有通过毕業設計答辯的学員，可以由毕業設計答辯委員会决定，准於在次年下届毕業設計答辯委員会会議上对該項設計再行答辯。

在这种情况下，不发給毕業証書，而发給学員肄業証書。

附註：沒有通过第一次毕業設計答辯的学員，仍留在学院名册內，但停止一切供給，并派往部队工作。

十四 每一个答辯之后，答辯委員会分組組长应向該設計答辯的学員宣布結果，并祝賀他答辯成功。

十五 答辯之后，由学員将毕業設計的說明書和圖表送交系圖書室保存。

教　務　部

１９５７·１０·２８·

军事工程学院教学工作暂行条例（草案）

档案提要

　　1962 年 2 月 19 日，《军事工程学院教学工作暂行条例（草案)》（以下简称《条例》）发布。《条例》共 11 章 80 条，分总则、教学工作的组织与领导、教学方式、学员的自学和教师的辅导、生产劳动、科学研究、学习成绩的考核和学籍的管理、教研室和教师、学员班和学员、教学保证工作、党对教学工作的领导等 11 章。《条例》强调教学工作是学院经常性的中心工作，学院各项工作的进行都要紧紧围绕教学任务和学院工作的特点，对各类人员分别提出不同的要求，并且要周密计划，妥善安排，改进方法，提高效率，以保证教学工作的顺利进行，促进教学质量的不断提高。

　　《条例》是在学院教学工作会议、教学代表会议反复讨论修改的基础上，经学院第三次党委会议批准后下发各单位执行的，是学院过去教学经验的基本总结和以后组织实施教学工作的基本依据。

来源：国防科技大学档案馆馆藏（KW37-Y-WS.W-1962-010-002)

中国人民解放军军事工程学院
教学工作暂行条例(草案)

第一章 总 则

一、军事工程学院是中国共产党绝对领导下的中国人民解放军的一部分。在建设现代化革命军队的事业中,根据军委的要求,它担负着培养又红又专的高级国防科学技术人才的光荣任务。培养学员的目标是:

具有爱国主义和国际主义精神,具有共产主义道德品质;忠于党和人民的伟大领袖毛泽东主席;自觉地为现代化国防建设服务;通过马克思列宁主义、毛泽东著作的学习和一定的生产劳动、实际工作的锻炼,逐步树立无产阶级的阶级观点、劳动观点、群众观点和辩证唯物主义观点。

具有军事工程技术干部所必需的军事知识和良好的军人素养,继承并发扬我军的光荣传统、体现三八作风。

具有比较宽广而巩固的基础理论知识和为深入掌握本专业所必需的专业知识与基本技能;至少掌握一门外国语,达到比较熟练地阅读专业书刊的程度;能够初步担负本专业技术兵器与装备的研究设计任务。

具有健全的体魄。

二、教学工作是学院经常性的中心工作。学院各项工作的进行都要紧紧围绕教学任务和学院工作的特点,对各类人员分别提出不同的要求,并且要周密计划,妥善安排,改进方法,提高效率以保

証教学工作的顺利进行，促进教学质量的不断提高。

三、高举党的社会主义建设总路綫的旗帜，坚决贯彻执行党的教育工作方针、軍委的訓練方針及其他有关的指示。以教学为主，努力提高教学质量，正确处理教学与生产劳动、科学研究、社会活动之间的关系。

以政治为統帅，政治、軍事和技术密切結合。

四、正确贯彻执行党的知識分子政策。認真做好团結知識分子的工作，积极提倡和热心帮助他們进行自我的思想改造，充分发揮他們的作用。

五、認真贯彻执行百花齐放、百家爭鳴的方針。在毛澤东同志"关于正确处理人民内部矛盾的問題"中提出的六項政治标准的前提下，积极开展各种学术問題的自由討論，以利于提高教学质量、提高学术水平和促进科学技术的发展。

必须正确划分政治問題、世界观問題、学术問題之間的界綫，政治問題又必须严格划分人民内部矛盾和敌我矛盾的界綫。不許用对敌斗爭的方法来解决人民内部的政治問題、世界观問題和学术問題，也不許用行政命令的方法、少数服从多数的方法来解决世界观問題和学术問題。

六、認真贯彻执行羣众路綫，把充分发揮教师的主导作用和发揚教学民主結合起来。要調动教师的积极性，認真教好学員；調动学員的积极性，認真作到身体好、学习好、工作好；調动干部、职工的积极性，認真作好各項工作。

七、努力树立理論和实际统一、高度的革命性和严格的科学性统一的优良学风。

正确执行理論联系实际的原则。切实加强基础理論的教学，加

强基本技能的训练，学好专业。

一切从实际出发，尊重事实，坚持真理，把敢想、敢说、敢干和严肃、严格、严密结合起来。

八、切实贯彻执行勤俭办院的方针，发扬艰苦奋斗的光荣传统，充分发挥人力、物力的潜力。反对铺张浪费。

九、确保国防机密是学院的一项重要任务。必须经常进行防好保密教育，不断提高全体人员的革命警惕性，养成严格的保密习惯；严防反革命分子的破坏活动，同盗窃国家机密和失密、泄密的行为作斗争。

正确处理保密与协作的关系，切实改进保密制度，使之既能确保国家机密，又便利于教学、科学研究等项工作的开展。

第二章 教学工作的组织与领导

十、教学工作在院党委、院首长领导下，由教务部具体地组织实施。

十一、教学计划是组织实施教学工作的基本依据。由教务部负责组织制定，经院党委审查后报请国防科委批准。教学计划不得轻易变动；如需要作小调整时，须经教务部审查并报院首长批准。

十二、教学大纲是各门课程实施教学的指导性文件。教研室均须按照教学计划的要求订出教学大纲。

教学大纲应经审查批准。公共课程、基础理论课程和基础技术课程的教学大纲由教务部审查批准（政治课的教学大纲由政治部审查批准）；专业基础课、专业课和专业战术课的教学大纲由系审查批准；本系教研室为外系所开课程的教学大纲由该外系审查批准；为本系与外系共开课程的教学大纲，在征求外系意见后，由本系审查批准。

业经批准的教学大纲，不得轻易变动；需要变动时，应经原批准机关同意。

各门课程的教学大纲均须在开课前印发给有关的教师和学员班，并上报教务部备案。

十三、各门课程都必须有教材。教材可以自编亦可选用。编写教材应该以毛泽东思想为指针。根据教学大纲的要求，在综合本门课程知识和总结本门课程教学经验的基础上，由水平较高经验较多的任课教师执笔。军事政治课程的教材应以毛泽东著作为主要内容。教材应力求论点明确、逻辑严密、文字通顺、图表清晰、标点符号正确。

所有教材都必须经过审查批准。讲义及教学资料由教研室主任审查批准；教科书由院教材审查委员会审查批准。

十四、各门课程都必须有教学日历。教学日历由任课教师根据教学大纲制定，经过教研室主任审查批准。

十五、各门课程的教学都必须按照课程表进行。课程表由教务部于每学期开课前组织各系教务处制定。

课程表的制订应当符合教学计划及教学日历的要求，并力求规律化。

课程表排定后，不得轻易变动。如需变动时，若仅涉及本系的专业基础课程或专业课程，由系教务处决定，报教务部备案；若涉及系外者则须报教务部批准。变动课程表后，应予先通知有关教师和学员。

专科、教研室、学员班不得擅自更改课程表。

十六、每学期开课前，专科和院属各教研室应向所属人员总结上学期的教学经验，传达本学期教学计划和上级指示，提出完成本学期教学计划的具体措施。同时检查各项教学保证工作与教师备课

情况。

每学期开课前，专科应将学员名单分别抄送有关教师并介绍学员情况。

在新生入系时，系和专科应介绍本系、本科的情况，进行热爱专业的教育，并且传达教育计划，介绍学习方法。

十七、在教学实施过程中，各级领导干部应当经常深入到教学现场中去（机关处以上干部不得少于全年工作时间的四分之一）。抓方针政策的贯彻，抓各种教学关系的调整，抓教学工作的改进，抓各项保证工作的落实，作到及时总结经验，解决问题。以保证教学质量的不断提高。

教务部门对于教学情况应当全面掌握，及时研究，加强具体指导。

十八、教学检查是保证教学质量不断提高的重要环节。教学检查的任务是：检查党的方针政策和教学计划执行的情况，总结经验，调整关系，改进工作。

教学检查的方法是把一般检查与典型调查结合起来，既要解剖麻雀，以点带面，又要点面结合。

每一年，院组织教学检查不得少于两次；每学期系组织教学检查不得少于两次。系进行的教学检查，可以与院组织的检查结合进行。检查结束后要写出检查报告。

专科及教研室则应经常进行教学的检查工作。

十九、每学年院召开教学工作会议一次。主要任务是：传达和讨论上级的指示，总结教学工作经验，统一思想，提高认识，解决存在的问题，促使教学质量进一步提高。

二十、健全教学工作的请示报告制度。凡是教学计划的调整，

教学制度的修改，教学内容的较大变更，教学方法的重大改革，以及教学实施过程中发生的重要问题的处理，均须事前请示，事后报告，不得超越职权自作主张，不得有上下梗塞现象。

对于教学情况，专科每月向系综合汇报一次，系每季度向院综合汇报一次，教务部每一学期向院作一次书面报告。

第三章　教学方式

二十一、讲课是主要的教学方式。讲课的基本任务是：系统地传授本门课程的理论和实际知识，培养学员的逻辑思维能力，指导学员研究本门课程的方法。

备好课是讲好课的前提，讲课教师必须以高度的政治责任心，按照教学大纲的要求，结合学员的具体情况，严肃认真地备课。备课以个人钻研为主，集体研究为辅。在备课中，要深入地钻研教材和有关参考资料，熟练地掌握内容，写好讲稿或讲授提纲。新开课或开新课的教师，讲课之前，必须进行试讲。

讲课应按照毛泽东同志关于教学法的指示进行。作到目的明确、重点突出、概念清楚、条理分明、联系实际、讲究实效并充分重视形象教具的运用。

讲课应当按照教学大纲规定的内容及要求进行。在此前提下，允许教师介绍不同学派的学术观点与讲述自己的见解，以扩大学员的知识领域，提高学员的鉴别能力。

讲课是决定教学质量的关键，必须不断提高。学术水平较高、教学经验较多的教师都要担任主要课程的讲授任务。

二十二、习题课是帮助学员消化和巩固所学的知识，培养学员运用理论、解决实际问题能力的重要环节。在习题课中，应该把加

深领会基本概念和训练解决具体问题的能力结合起来，使学员逐步掌握计算、制图等基本技能。

讲课教师一般应担任一个学员班的习题课，习题课教师一般应随堂听课，使习题课和讲课紧密结合。习题内容及课外作业分量，由讲课教师和习题课教师共同研究确定，既要保证学员得到严格的基本训练，又不要过分加重学员的负担。

指导学员课外作业，必须符合培养学员独立工作能力的要求。学员要在深入钻研课程内容、领会理论知识的基础上，独立地进行作业；不得以任何形式的集体作业代替个人独立作业。作业应当计算准确、画图清楚、书写工整并按时完成。

教师必须认真批改学员的作业并及时讲评。批改作业的数量一般不少于学员作业总量的三分之一。对于错误特别多或书写潦草的作业，教师应退给本人，责其重作，再予批改。

学员对于教师批改的作业，应该仔细阅读；对于未批的作业，也应认真核对，作错之处，必须及时地改正。

二十三、实验课是巩固和验证学员所学知识、掌握实验操作技能、养成严肃认真的科学作风的重要环节。

教研室力求根据教学大纲的要求开出必需的实验课并不断充实内容。教师应当编写实验指导书，上课前应作好有关实验的准备工作；学员要按照实验指导书进行予习，未达到予习要求的学员，不得参加实验。

教师必须注意训练学员的实验操作技能，培养学员观察、测量、计算、分析问题的能力，并对他们进行爱护国家资财和安全作业的教育。学员要严格遵守实验操作规程。

学员在实验之后，必须按照教师的要求，独立地整理和分析实

· 7 ·

驗結果，按时写出实驗报告，交教师審閱。对于不合格者，教师应責其重作。

二十四、課堂討論（或討論）的目的在于加深学員領会理論知識和培养学員运用理論解决实際問题的能力。政治理論課程必須安排課堂討論（或討論），其他課程中理論性較强的部分也可以适当安排課堂討論（或討論）。

課堂討論（或討論）必須有計划、有准备地进行。討論題目由任課教員拟定，經教研室主任審查批准。

課堂討論（或討論）計划应予先发給学員。在討論前，学員应当圍繞題目，認眞进行准备。討論要圍繞中心，孤住重点，敞开思想，暢所欲言，实事求是，虛心探討，分清是非，以理服人。主持討論的教师，在討論結束时，应作課堂討論（或討論）的总結。

二十五、教学实习的目的是：使学員了解金屬冷、热加工的基本方法，获得有关工艺的感性知識，掌握基本操作要領；同时，使学員受到必要的劳动鍛鍊。

教学实习在本院工厂进行。有关教研室应根据教学計划的要求，在实习前一个月，訂出实习大綱；而后，会同工厂訂出具体实施方案，共同負責，組織实施。

教学实习在教师的指导和技工的輔导下进行。在实习期間，可用少量时間講解、示范或表演。

在满足实习大綱要求的前提下，可以結合生产任务进行实习。

实习期間，不給学員规定生产指标，也不組織劳动竞赛。

二十六、生产实习和部队見习的目的主要是：使学員巩固所学专业理論知識，获得生产的实際知識，了解部队技术装备的战术技术要求，懂得技术装备的維护和使用，培养学員的独立工作能力。

生产实习和部队见习必须按照教学计划和教学大纲的要求进行。实习和见习的计划和大纲由教研室拟定。每一学年的实习（见习）计划与大纲应当按照规定时间上报并及时办理有关手续。在实习（见习）前一个月，有关教研室应指派专人会同有关工厂（部队），根据业经批准的实习（见习）计划与大纲定出实施计划。

业经批准的实习（见习）计划与大纲不得轻易变动；如需变动时，须征得实习（见习）单位的同意并报原批准机关批准。

在实习（见习）期间，教师、学员必须尊重所在单位的领导，遵守所在单位的规章制度，爱护国家资财，严守国家机密；虚心学习，搞好团结，努力完成实习（见习）任务。

指导实习（见习）的教师应该与实习（见习）单位有关人员协力合作，作好实习（见习）工作。并对实习（见习）的质量负责。

毕业实习的进行办法与上述生产实习相同，其目的是使学员获得从事实际工作和进行科学研究的锻炼；仔细研究毕业设计（或论文）的对象，并搜集毕业设计（或论文）所需的资料。

二十七、教练和野营的目的是：进行单人教养；了解分队组织实施战斗的基本要领；培养组织性和纪律性；养成准确、迅速、机动、灵活、勇敢、顽强、协同一致的战斗作风。

教练和野营必须按照教学计划的规定订出实施计划。在实施过程中，各级首长与教师必须遵照条令和教范的规定，耐心教育，以身作则，严格要求。

在教练和野营中，对女学员应照顾其生理特点，在训练内容、进度与要求上和男学员有所区别。

二十八、课程设计（课程作业）的目的是：培养学员运用有关课程的理论和技术知识，解决实际问题、了解工程规范、设计手册、

設計資料及其实际应用，进一步掌握計算、制图、和使用技术資料的能力，并逐步树立正确的設計观点。

課程設計（課程作业）应該按教学的要求，訂出設計任务書（或作业题目）。設計任务書（或作业题目）由任課教师拟訂，經教研室討論确定。在有利于教学的原则下，課程設計（課程作业）可以适当地結合生产劳动或科学研究任务进行。有关专业課程的設計还应注意結合战术、技术要求进行，以培养学員初步的論証能力。

进行課程設計（課程作业）须有教师担任指导。第一次指导課程設計（課程作业）的教师要进行試作。

課程設計（課程作业）必须要每个学員独立地进行，不得以集体設計（或作业）代替。課程設計完成后以四級記分制評定成績。

二十九、毕业設計（毕业論文）是学員总結在院学习成果，完成高級国防科学技术人才基本訓練的、重要的和最后的一个教学环节。它的目的是：巩固与提高学員綜合运用所学知識的能力；培养学員独立地有創造性地解决军事工程技术或理論性問题和进行研究設計的能力；考核学員的军事工程技术素养。

毕业設計（毕业論文）应該符合专业培养目标和教学計划的要求，按期完成并达到一定的质量。

毕业設計（毕业論文）题目，由专业教研室拟定。拟定毕业設計（毕业論文）题目可以适当結合国家設計研究任务或設計机关、工厂、部队訓練中以及教学和科学研究中的实际問题，也可以假拟题目。题目确定后，上报系、院首長审查并报国防科委批准。教研室必须提出毕业設計任务書或毕业論文的要求，明确规定每个学員的任务，至迟须在毕业实习前发給学員。

毕业設計的内容包括：战术技术論証，总体方案設計，关鍵性

部件的技术設計。在时間与祭件許可的情况下，可以进行必要的試制工作。

毕业設計可以个人單独进行，也可以集体进行。在集体进行时，则必须以个人独立工作为基础，使每个学員旣能参加整体設計，又能独立地担負一部分設計任务。毕业設計說明書、技术总結或实驗研究报告必须由个人編写。

毕业論文由个人單独进行。

在学員进行毕业設計（毕业論文）的过程中，教研室必须固定指导教师并組織定期的检查。指导教师必须充分作好准备，在設計（論文）进行中，要經常掌握情况，加强具体指导。

毕业設計（毕业論文）完成后，必须通过答辯形式以四級記分制評定成績。

第四章　學員的自學和教師的輔導

三十、学員的自学，在整个教学过程中佔有极其重要的地位。只有把自学切实搞好，才能牢固地掌握知識，扎扎实实地学到本領。

要求学員在自学中做到勤学、苦練、認眞、踏实。

自学应当按照教学大綱的要求有計划地进行。对于各門課程，旣要防止平均使用力量，又要防止偏廢現象。

自学的主要方法应是：听好課，記要点；抓关鍵，深鑽研；反复学，多次練；攻理論，重实践。

在自学中旣要掌握基本概念把課程內容搞懂，又要認眞地完成作业，防止單純为趕作业而忽視掌握基本概念的現象；还要养成閱讀有关参考書籍的習慣，以便扩大知識領域，加深理論基础。

二十一、在个人独立自学的基础上，在自觉自愿的原则下，开展学习中的互相研究、互相讨论以及心得经验的交流。

每个学员都要虚心地向别人学习，都要从互相研究讨论中得到启示。

对于学习上有困难的学员，应該给以关怀和帮助，但不要包办代替。要使他們发揚百折不撓的精神，依靠自己的艰苦努力，克服困难，学好功課。

二十二、学員原有的基础、才能、努力程度各有不同，因此，在学习上必定会參差不齐，不能一律拉平。对于学习成績优異的学員，应当給予鼓励和支持；在分配社会工作、分派公差勤务、安排劳动等方面，不得給他們额外的負担，更不得当作个人主义、"只专不紅"來反对。

在业务学习上成績优異的学員，在思想政治上也应严格要求自己，力求进步。

二十三、辅导和答疑是課堂教学的一种辅助和补充，是教师的一项重要教学任务。教师应当本着既教書又教人，既管教又管学的精神，深入了解学員自学的情况，加强对自学的指导，耐心解答疑难問题。

辅导和答疑，应当按照有利于解答学員的疑难、加深学員的理解和培養学員的独立工作能力的原则进行。既要解答学員提出的疑难問題，又要启发学員独立思考深入鑽研，使之逐渐掌握分析和解决問題的方法；不要以答疑代替学員的独立工作，養成学員的依赖心理，也不要片面强调独立工作，使学員的疑难得不到解决。

对于学习吃力的学員，教师要更多地給以热情的关怀和帮助，指导他們改进学习方法，提高自学能力；对于学习成績优良的学

员，要鼓励和帮助他们进一步深入钻研，把热情帮助吃力学员和积极培养优秀学员结合起来。

教研室对教师的辅导答疑工作必须具体地安排和检查。辅导答疑可在指定的地点，也可在学员班。

第五章　生产劳动

三十四、生产劳动是教学计划的一个组成部分。生产劳动的主要目的是：养成学员的劳动习惯，向工农群众学习，同工农群众密切结合，克服轻视体力劳动和体力劳动者的观点；通过生产劳动，更好地贯彻理论联系实际的原则，学习生产技能，巩固理论知识。

列入教学计划的生产劳动，包括教学实习和生产实习中的体力劳动部分，院牧畜场的农付业生产劳动及公益劳动。

学员的生产劳动应按照教学计划的规定时间进行。在教学计划之外，还有业余的生产劳动，但不得佔用教学计划所规定的教学时间，亦不得过分加重学员的负担。

四十五岁以下的男教师和四十岁以下的女教师，应参加业余的农付业生产劳动。体弱有病或教学任务繁重的教师，可不参加生产劳动。

三十五、在学员参加生产劳动之前，专科（年级）应当进行深入动员教育，提出具体要求，说明注意事项；在生产劳动过程中，应当经常进行时事政策教育和保证必要的政治生活；要引导学员与工农交朋友，虚心学习工农群众的优良品质。

加强生产劳动的计划性和组织领导，既要防止过分紧张，又要避免误工、窝工等劳力上和时间上的浪费。

三十六、加强劳动保护，贯彻劳逸结合，保证学员的身体健康。

确定生产劳动任务必须从实际出发，留有余地；不得用延长劳动时间和增加劳动强度的办法，来完成生产任务。

患病或身体衰弱的学员经医生证明和专科首长批准，可以减免其生产劳动任务。女学员不参加重体力劳动，在月经期间应该停止体力劳动。

妥善安排生产劳动期间的伙食、住宿和医疗，保证学员吃饱、吃好、休息好，防止疾病的发生。

三十七、学院工厂和牧畜场是学员在院内进行生产劳动的主要场所。工厂和牧畜场的领导要把学员实习和劳动锻炼作为一项重要任务，切实加强领导，妥善安排，在工厂生产实习中，不得为单纯追求经济收益而影响教学任务的完成。

第六章 科学研究

三十八、积极开展科学研究工作，活跃学术空气，以促进教学质量与学术水平的不断提高。科学研究工作的计划、安排与进行必须以教学为主。

根据国防建设当前的和长远的需要，科学研究应当兼顾理论和科学技术两个方面。在学院技术力量与实验设备可能的条件下，在与专业对口的原则下，可以承担一部分国家交付的研究设计任务。

科学研究的选题内容包括：

1、承担国家交付的研究、设计任务；

2、按照国防科委编制的科学发展规划与本学科的发展方向，进行基本理论的研究、实验和关键性技术问题的探讨；

3、教科书与教学参考书的编著；

4、教学实施过程中所提出的理论问题或实际问题的研究；

5、教学、科学研究所需的实验设备、仪器和器材的研究、设计或制作。

三十九、教研室要有比較固定的科学研究方向。科学研究工作应当有計划、有重点地进行。制訂計划应从实际出发，留有余地。計划中应明确規定研究題目、主要指标、主要負責人和完成期限等。在制訂計划时，力求把需要和教师个人专长結合起来。教师也可以根据自己的特长、志趣和学术見解，自由选題，經教研室审定后，列入計划。計划一經确定，即应踏实地进行工作，力爭完成，但不搞突击献礼和竞賽。

四十、科学研究工作的主要力量是教师。教师应在保証完成教学任务的前提下，积极参加科学研究。教师进行科学研究的时间，一般佔教研室全体教师工作时间的百分之十到百分之三十。新开課或开新課的教师，应当集中力量把課教好，可以不参加或少参加科学研究。

若有特殊需要，經院首长批准，可以抽出少量教师在一定时期內集中进行科学研究工作。

对于学术造詣較深的老教师，要逐步配备研究工作的助手；助手应当固定不得随便調动。

学員参加科学研究的目的在于获得从事科学研究的訓練，培养独立工作能力。高年級学員参加科学研究，主要是結合課程設計、毕业設計或生产实习教学环节进行，不許任意停課进行科学研究工作。对低年級学員，不規定科学研究任务。

学业特别优良的学員，在課外进行科学研究工作，应当得到鼓励和支持。教师对于学員进行的研究工作，应当給予指导。

四十一、科学研究工作必须在个人独立鑽研的基础上进行，把

个人与集体正确地结合起来。对于在研究工作中取得优良成绩的个人和集体，应当给予鼓励和奖励。在发表科学研究报告、学术论文或其他研究成果时，得署研究者个人的姓名。

四十二、大力活跃学术研究空气。开展学术研究活动的形式应当多样化。各教研室应当结合教学和科学研究工作，经常举办学术报告会、讨论会或专题讲座，加强对于学术研究活动的组织领导。

四十三、在科学研究工作中，应当同科学研究机关、部队、院校、生产部门建立必要的联系。可以接受有关单位的委托，协助解决某些科学技术上的问题。同时应当加强院内各单位间的协作，根据研究设计任务的需要和专业的性质，必要时统一组织力量，完成某些共同性的研究任务。

同院外有关单位交流科学研究资料时，必须经过规定的批准手续。

四十四、加强对科学研究计划实施情况的检查和科学研究成果的鑑定工作。对于各教研室科学研究计划的实施情况，院、系应当经常了解，具体掌握；进行检查，系每年不得少于四次，院每年不得少于两次。

对于科学研究成果，要有严格地审查、鑑定。

第七章　学习成绩的考核和学籍的管理

四十五、考试和考查是教学过程中的重要环节，是考核学员学习成绩的基本方式，也是督促学员系统复习、巩固加深所学课程及知识的必要手段。必须按照教学计划、教学大纲的要求，严肃认真地进行。

考试有专门的复习时间并制定考试日程表，以期末进行的考试

成绩为成绩评定的依据；考查没有专门的复习时间，列入课程表内进行，以学员平时完成实习、实验、课外作业、课堂讨论的情况及最后测验结果为成绩评定的依据。如果考试成绩与平时成绩相差较大时，可以参考平时成绩适当调整考试成绩。

四十六、考试的方式以最能确实考核出学员学习成绩为原则，根据课程的性质、班级的大小和教师的力量等不同情况，分别采用口试、笔试或口试、笔试兼用。

考查的方式除上述的方式外，还可采用检查实验实习报告或平时作业的方式进行。

四十七、考试和考查题目的拟定，必须符合教学大纲的要求。其难易程度和份量多寡必须恰当。考题由任课教师提出，经教学小组讨论，由教研室主任审查确定。教务部门应该抽查部分课程的考题。

考试和考查一般由任课教师负责进行并评定成绩，人力不足时，可吸收熟悉本门课程的其他教师协助。考试笔测时间不得超过三小时，考查笔测时间不得超过两小时；口试时间每人不得超过三十分钟，准备时间不得超过一小时。

四十八、在考试、考查之前，学员应当按照教学大纲的要求，踏踏实实地复习，不猜考题，不存侥幸取巧心理；教师应当深入学员，作好辅导答疑工作，不得以任何形式透露考题。

在组织复习和考试工作中不提集体的分数指标，不建立专门的复习组织，不搞考试成绩的报捷献礼或竞赛。

在考试、考查之前，学员必须按照教师的规定完成作业（包括实验报告），否则，一般不得参加考试和考查。

四十九、考试和考查成绩的评定应当准确。教研室应于考前具

体研究評分标准，防止产生偏寬或过严的现象。

学员对于教师評定的成績有意見时，可以按組織提出。

考試采用"优秀"、"良好"、"及格"、"不及格"四級記分制；考查可采用"合格"、"不合格"記分制，也可采用四級記分制。

五十、每学期考試、考查課程有三門或三門以下不及格或因故缺考的学員可以有一次补考机会。补考可在考試完毕数日后或在下学期升課后兩周内进行。其組織工作由系教务处負責。

补考时間确定后，应通知有关教师和补考学員。补考学員必须在规定的时間参加补考，无故不参加者以不及格論。补考成績以"合格"、"不合格"記分。

五十一、健全学員成績的登記、統計制度。各門課程的考試、考查或补考的成績，由有关教师在考过后一周内抄送专科和系教务处登記。系教务处在考試、考查期間，每周編造一次成績統計表，上报系首長和教务部。

教务部和系教务处要切实作好学員学习成績的登記、統計工作。

五十二、每学期考試考查的課程，經过补考后，仍有三門課程不及格的学員，根据課程的性质，及其他課程的成績，由系首長报請院首長决定其退学或留（降）級（降級是指本学年上学期考試后应該留級的学員降至下一年級学习）。

补考后仍有兩門課程不及格，应予留（降）級。

补考后仍有一門課程不及格者，可根据課程的性质及其他課程的成績，由系首長决定其留（降）級或随班上課。

学員因事因病在一学期内缺課时間达二分之一以上者，一般不

得参加考试，应予留级。

学员的升级留级于每学年第二学期补考后办理一次，降级则在每学年第一学期补考后办理一次。退学则每学期处理一次。一年级的留级与退学，一般在学年结束后办理。

留级、降级学员已经学过的课程除政治课、体育课外，其考试成绩为"优秀"或"良好"的，可以免修；考查成绩为"合格"的，由专科首长根据其具体情况征求有关教研室的意见后决定其免修或重修；如果课程内容有较大的增补或变动时，由有关教研室决定其重修或补修部分并参加该门课程的考试、考查。

留级、降级的学员，由专科造具名单报系审查批准并报教务部和政治部干部部备案。

五十三、学员有下列情况之一者应予退学：

1、一学期的考试、考查课程有四门或四门以上不及格者；

2、在学习期间已留（降）级一次，而在下学年（学期）又连续留（降）级者，或非连续留（降）级第三次者；

3、经考察，不适宜在院学习者。

处理学员的退学问题必须严肃慎重，由专科提出意见，经系审查报院首长批准。

五十四、学员的政治觉悟、思想意识和道德品质的考查，在通常情况下，一般每年进行一次思想鉴定。鉴定的内容，着重在政治思想、三八作风以及学习和劳动的态度等方面。基层组织应在鉴定的基础上，表扬先进，改正缺点，帮助后进赶先进。对于个别思想反动，道德败坏或有严重违法乱纪行为，而又屡教不改的学员，应该开除学籍。需要开除学籍的学员，必须经过专科、系逐级审查报院首长批准。

毕业学员应该进行毕业鑑定，鑑定的目的是：肯定学員在院期间的进步，指出他們现在的缺点，明确今后努力的方向。鑑定的內容包括：政治立场，組織觀念，三八作风，学习成績，独立工作能力，劳动态度和健康情况等方面。鑑定必須实事求是，允許本人申述或保留不同意見，并且記录本人的不同意見。思想鑑定和毕业鑑定的具体办法，根据政治部的要求进行。

第八章　教研室和教師

五十五、教研室是按照专业性质或課程門类設置的教学組織，其中心任务是：搞好教学工作，积极地开展科学研究，并負責培养研究生。教研室設主任，根据工作需要可設付主任协助主任工作。

教研室主任对于本教研室的工作負有全面組織领导的責任，其主要职責是：

1、按照教学計划和上級的指示，組織领导教研室的全部教学工作并至少担任一門課程的講授；

2、組織领导教研室的科学研究工作和学术活动；

3、领导所屬实驗室（专修室、資料室）的工作；

4、組織领导所屬人員的业务进修；

5、組織领导研究生的培养工作；

6、負責所屬人員的行政管理。

教研室主任在工作中，要善于依靠党、团組織，走羣众路綫。对上級指示要迅速下达，并認眞貫彻实施。

教研室工作中的情况要及时上报，不得有中間梗塞现象。

对于工作中的重大問題，应当召开教研室会議进行討論。

五十六、按照課程的門类和組織教学工作的实际需要，教研室

内可分设若干教学组。教学组由担任同一门或性质相近课程的教师组成，从中遴选组长一人，在教研室主任领导下进行各项工作。

五十七、教师的根本任务是教好学员，完成教学任务。为此，教师应该努力学习马克思列宁主义——毛泽东思想，自觉地进行思想改造，认真钻研业务，不断提高自己的思想政治水平和业务水平。

必须充分发挥老教师的作用，有计划地培养和提高青年教师，青年教师和老教师要亲密团结。青年教师要尊重老教师，虚心地向老教师学习，防止与克服骄傲自满情绪。老教师要把自己的学术专长和教学经验传授给青年教师，认真负责地带好徒弟。

所有教师都要互相尊重，互相学习，取长补短，共同提高。

五十八、教师在教学工作中必须严格要求学员，这是对党和国家高度负责的表现，也是对学员最大的关怀和爱护。严格要求要从实际出发，逐步提高；严格要求要和循循善诱结合起来。教师既要成为学员的严师，又要成为学员的挚友。

五十九、教师进修是提高教学质量的关键。所有教师都要根据教学任务的需要和自己的实际情况，积极而有计划地进修。

进修以业务为主，并注意思想政治上的提高。在安排进修计划时，要和提高教学质量结合起来，不能因业务进修而放松当前的教学工作。

在职进修是教师进修的基本方式。进修以自学为主，教师要善于利用时间，刻苦钻研，持之以恒。

教师进修的方向、内容、方式、与时间安排，要有规划；尽可能地为进修创造良好的条件。对进修成绩优异的教师，要给予鼓励；对有特殊才能又肯钻研的教师要积极勉励他们深造，对优秀的

青年教师可指定导师进行重点培养。

六十、教师队伍要力求稳定。教师所从事的專业和所任課程，不得輕易变动；不能随便抽調教师担任其他工作。

对教师应当定期地进行考核。教师的职务，要根据他们担任的教学任务、教学質量和学术水平确定和提升，对其中优秀的，应当不受資历、学历的限制。

六十一、实驗室是教研室的組成部分，設主任一人，在教研室主任的領导下，負責組織領导实驗室的各項工作。

实驗室的主要任务是：

1.保証实驗課、实物課、課堂表演和进行科学研究工作所需要的各种器材、設备、模型及图表；

2.在教师指导下开好实驗課、实物課，搞好課堂表演幷进行科学研究中的有关实驗；

3.具体规划实驗室的建設，編造予算和提出物資申請計划；

4.作好实驗設备、仪器、器材的管理工作，及时准确地进行登記統計，建立严格的責任制度，定期进行物資清查和設备的維修，保持整洁和良好的秩序，使所有的仪器設备經常处于完善可用的状态。同时，要注意爱护国家資財、建立严格的安全制度，防止事故发生；

5.进行实驗設备、器材以及形象教具的設計、制作或改裝。

应該选派有經驗的技术人員担任实驗室主任，幷且要选派一些优秀教师参加实驗室工作。对实驗員要积极地有計划地进行培养，幷定期进行考核，根据他们的业务能力和政治水平提升其职务或級别。

第九章　学员班和学员

六十二、学员班是按照专业类别和便于组织教学活动的原则而建立的学习组织，也是学员行政生活的单位。

学员班设正付班长各一人，在专科（年级）的领导及教师的指导下，具体组织本班的学习活动，并负责行政生活的管理。其主要的工作是：检查了解本班的学习情况，并及时向上反映；督促本班学员完成教师规定的各种作业；组织学习方法的研究和经验的交流；带领本班学员遵守学习纪律和各种规章制度；严格生活管理，培养三八作风。

学员班按照所学课程的门类设课代表若干人，协助班长了解本班的学习情况；向本班学员传达教师对于本课程学习的指示和要求；汇集本门课程学习中的疑难问题，同教师联系答疑辅导事项；协助教师收交和分发作业；向教师反映本班学员的学习情况和对于教学工作的意见。

六十三、学员班在组织学习及其他课外活动时，应当实行"大集体、小自由"的原则，既要使个个学员参加必要的集体活动，又要使他们有个人活动的时间。课外学习的地点、内容和进度，不得强求一致。在保证完成学习任务的前提下，每个学员都能按照自己的兴趣和特长得到充分发展。

六十四、又红又专又健是全体学员的共同方向。每个学员都必须正确处理红与专的关系。在安排课外学习活动时，必须重视政治理论和时事政策的学习，积极参加各项有关政治活动和生产劳动的锻炼，不断提高自己的思想政治觉悟，自觉地培养劳动人民的思想感情，培养共产主义的道德品质。严格遵守党和国家的政策法令并

且加强单人教养，提高组织性和纪律性，养成三八作风。

掌握科学技术知识是学员主要的学习任务，必须把主要的时间用在科学技术的学习上。积极钻研业务、刻苦学习、努力攀登科学技术高峰是对党、对国家具有高度政治责任心和革命积极性的表现，也是红的重要标志之一。对于学员钻研科学技术的积极性，应当多方加以爱护和扶植。

学员在学习过程中要锻炼身体、讲究卫生，注意劳逸结合，以使德育、智育、体育等方面都得到发展。

对偏于钻研业务而忽视政治的学员，要耐心地进行教育和帮助，鼓励他们发扬优点，改正缺点，沿着又红又专的道路前进。

六十五、学员必须尊敬教师，在学习上认真听从教师的指导，虚心地向教师学习。对教师有意见时，可以按组织反映，也可以用个别交谈的方式当面向教师提出，但不得有任何不礼貌的行为。

六十六、学员班应该成为团结友爱的革命集体。学员之间要以阶级兄弟的友情相待，有问题互相交谈，有困难互相帮助，有经验互相交流，有长处互相学习，有缺点互相劝勉。特别是对于后进的同学，更要热情关怀，主动接近和耐心地进行帮助。

学员班的党团骨干要做到联系群众、和群众亲密团结。骨干与群众相处要有平等精神、民主作风、谦虚态度，要有鲜明的阶级观点、群众观点和政策观点，并且努力学好科学技术知识，在各个方面以身作则成为同学学习的模范，成为同学的知心朋友。其他学员则要支持骨干，虚心向他们学习并积极帮助他们做好班内的各项工作。

第十章　教学保证工作

六十七、加强教学保证工作，是完成教学任务的重要条件。全

体干部和职工必须明确地牢固地树立以教学为中心，为教学服务，为教师、学员做好服务工作的思想。努力改进和作好各项工作，以保证教学工作的顺利进行和教学质量的不断提高。

各级党委和首长，对各项保证工作要加强领导和督促检查。

六十八、健全教材工作的机构，切实改善教材的印刷和供应工作。每门课程都要有教材和必需的教学参考书。教材必须印刷清楚，于开课前发到教师、学员手中，力求人手一册。

不断提高文印、打字、制图人员和印刷厂职工的业务技术水平，以提高其工作质量。

六十九、积极加强图书馆、资料室的建设工作，充分发挥图书资料的作用。

图书资料的管理，要从便利读者出发，不断提高服务质量。认真作好图书资料的蒐集、整理、出纳、翻译等工作。对于新专业所需的图书资料，更要广为搜集，及时翻译和供应。图书馆对系图书室要加强指导，密切联系。各系图书室之间要互通情报，互相支援。院图书馆要加强与院外图书馆的联系和协作。

必须采取有效措施，防止图书资料的损坏和丢失，珍贵的图书资料，尤应切实保护。

七十、加强对综合实验工厂的领导，作好技术勤务工作。综合实验工厂的任务是为教学和科学研究服务。加强工厂的思想政治工作，树立为教学和科学研究服务的思想。调整组织，健全制度，提高管理水平，贯彻勤俭办厂的方针，保证实习和加工产品的质量。并要关心职工的生活，充分调动职工的积极性。

适应教学和科学研究工作发展的需要，要有计划地充实和革新各项实验设备。本着发愤图强，自力更生的精神，逐步地建设新实

• 25 •

139

驗室，使新建專业能夠开出必需的实驗課。加强对实驗室的領导和管理工作，健全各項規章制度。

为节約人力、物力，充分发挥实驗設备的作用，各实驗室要互相支援，密切协作。

七十一、做好物质保障和行政管理工作，使全院人員吃好、住好、身体好。加强农付业生产，認真办好食堂，改善全院人員的生活。作好疾病的予防、治疗工作，注意清洁卫生，增进全院人員的健康。加强对现有营房的管理和維修工作，改善教学与生活用房的状况。改善物质供应与管理工作，改进服务态度，提高服务质量。

物质保障工作应该尽可能集中到院、系的有关部門，以便專科和教研室能夠集中力量搞好教学和科学研究工作。

認真贯彻执行軍委"連队管理教育工作条例"加强行政管理，健全各种規章制度，确保学院的安全，保持正規的教学和工作秩序。

七十二、切实保証教师的业务工作时間和学員的学习时間。对教师要严格执行中央关于保証知識分子每周至少有六分之五的工作日用于业务工作的指示，对学員必须切实保証作息时間表中所規定的上課和自习时間。

对于教师与学員中党、团骨干的业务工作时間与学习时間尤须認真加以保証。尽量减輕他們的日常工作的負担。

七十三、在行政工作人員和教学工作人員之間，提倡互相尊重、互相支持、互相体諒和互相合作的风气。

第十一章　党对教学工作的领导

七十四、加强党对教学工作的领导是搞好教学工作、提高教学质量的根本保证。各级党委要把主要的精力放在教学工作上，深入了解情况，及时发现和解决存在的问题。院、系党委应每学期专门研究教学工作二至三次；专科总支委员会应每月专门研究教学工作一次。

七十五、教研室党支部的主要任务是做好思想政治工作、党的建设工作和领导团支部的工作。要发挥党、团员的模范作用，团结教育全体人员保证上级党委的决议、指示、方针、政策的贯彻执行，保证教学工作和各项业务的完成。

教研室党支部应当教育党、团员努力钻研学术，提高业务水平，成为完成教学任务的模范；同时注意加强政治学习和政治思想锻炼，提高政治思想水平。

教研室党支部要支持和帮助教研室主任做好工作。

七十六、学员党支部的主要任务，是做好思想政治工作和党的建设工作，教育党员以自己的模范行动，影响和带动同学，发愤学习，刻苦钻研，努力完成学习任务。

加强党对共青团支部的领导，围绕学院中心任务，结合青年的具体特点，开展团支部的工作及活动，使团支部成为党的有力助手和积极而活跃的突击力量。

学员党支部要尊重教师在教学过程中的主导作用。

七十七、正确地贯彻执行党的方针政策是加强党对教学工作领导的首要问题。各级党委应对党的各项方针政策加强学习与研究，党的教育工作方针、知识分子政策和百花齐放、百家争鸣的方针，

对于学院工作有着特别重要的指导意义，尤须全面地学深学透。对所属人员要加强党的政策教育，使他们努力提高政策思想水平，做到一切都按党的政策办事。

改进工作方法，大兴调查研究之风，对本单位的工作情况经常做到心中有数，从实际出发，有的放矢，实事求是；反对官僚主义和形式主义的作风。

各级党委应当经常检查本单位贯彻执行党的方针政策的情况，及时总结经验，切实解决问题。

七十八、坚决贯彻执行军委扩大会议关于加强军队政治思想工作的决议。思想政治工作是一切工作的灵魂和生命线，必须不断加强。以提高全院人员的觉悟水平，充分调动积极性，保证教学任务的圆满完成。

思想政治工作必须遵循毛泽东同志"关于正确处理人民内部矛盾问题"的理论。一切思想政治工作，都必须有利于形成又有集中又有民主、又有纪律又有自由、又有统一意志又有个人心情舒畅的生动活泼的政治局面。

在思想政治工作中要明确目的，结合特点，讲究方法，减少时间，注意实效，努力深入到教学第一线去，抓活的思想，进行生动活泼的工作。

各级党委要加强对于思想政治工作的领导与检查。

七十九、促进教学质量不断提高是学院一切工作的基本出发点和最终归宿。各级党委必须以"四好为纲"（即政治思想好，三八作风好，教学工作好，生活管理好），紧紧抓住提高教学质量这一中心环节，加强教学检查，深入研究。分析影响教学质量提高的各种因素，采取有效的措施，解决存在的问题，大力改进工作方法，

· 28 ·

　　既使中心突出，又使其他各项工作紧紧围绕教学任务，把各个方面的工作都协调起来，羣策羣力，共同为提高教学质量而努力奋斗。

　　八十、加强党对教学工作领导的关键在于不断提高党的领导干部的思想水平、理论水平和政策水平。各级党的领导干部必须努力钻研业务；学习必要的科学技术知識，同时深入教学，调查研究，依靠羣众向羣众学习，结合具体的工作实践，細心体察情况，認眞总結經验，逐步掌握高等科学技术教育工作的规律，不断提高組織领导高等科学技术教育工作的能力。

　　各級党的領导干部要善于和教学人員特别是有經驗的老教师合作共事，同心同德，搞好教学工作。

关于"讲课中贯彻政治思想性"的决议

档案提要

1955年，学院召开了第二届教学方法研究会议，会议通过了《关于"讲课中贯彻政治思想性"的决议》（以下简称《决议》）。

《决议》指出：加强讲课的政治思想性，对于纯洁全院学术思想，提高科学水平及加强学员国际主义爱国主义教育，培养钻研分析问题能力，均有重大意义。《决议》提出四点建议：（1）讲课应根据辩证唯物主义的原则，讲授课程基本理论及研究方法，同时向一切违背马克思列宁主义观点的思想及对马克思列宁主义庸俗的曲解作斗争；（2）讲课应坚持理论联系实际的原则，既要有机结合我国社会主义建设及军队建设的新任务、新成就进行讲授，也要介绍苏联专家的贡献和苏联科学的新成就；（3）讲课人员应具备高度的政治思想水平和科学水平；（4）学院政治部应经常对讲课的政治思想性问题进行检查和指导。

来源：国防科技大学档案馆馆藏（KW37-Y-WS.W-1955-017-004）

關於「講課中貫徹政治思想性」的決議

加強講課的政治思想性，對於純潔全院學術思想，提高科學水平以及加強學員國際主義愛國主義教育，培養鑽研分析問題能力，均具有重大意義。自第一屆教學方法研究會議以來，在各教授會的努力下，講課的政治思想性有一定程度的提高，但一般看來質量還比較低。爲了進一步加強講課的政治思想性，大會在聽取了物理教授的報告後，經過討論，特提出以下幾點建議：

一、講課應根據辯證唯物主義的原則，闡明所講授的那一門科學發展的辯證過程與該門課程的基本理論及研究方法，同時，並應注意揭發和批判形形色色的資產階級的反動理論，向一切違背馬克思列寧主義觀點的思想及對馬克思列寧主義庸俗的曲解，作堅決的鬥爭。

二、講課應緊緊掌握理論聯系實際的原則，各門課程應有機地結合我國社會主義建設及軍隊建設的新任務新成就進行講授，同時介紹蘇聯學者的貢獻和蘇聯科學的新成就。

三、講課人員的高度的政治思想水平和科學水平，是提高講課質量的重要關鍵。爲此，首先應加強教學人員對馬克思列寧主義的學習與對蘇聯教材的深入鑽研；其次，各教授會應結合講程內容有計劃有重點地收集有關資料，組織專題報告，召開教學方法研究會，總結和交流講課中貫徹政治思想性的經驗。教授會的領導者應十分重視這一工作，每個教員應一面學習，一面貫徹；不僅在緒論中貫徹政治思想性，而且應在整個課程內容中加以貫徹；要反對「漠視、冷淡態度」以及「等待自己水平提高後再貫徹」等不正確觀點。

四、院政治部對於講課的政治思想性問題，應經常地檢查和指導。

第三编

教学经验

军事工程学院按照"边建、边教、边学"的方针进行教学规律的探索，对各教学环节教与学两个方面好的做法进行全面总结与高度提炼，形成了丰富的教学经验方法，并通过召开教学方法研究会议、在党委机关报刊发教学经验文章、印发《教学简报》等方式分享教学经验体会，得到广大教师充分认同与肯定。这些经验方法对助力教师不断提高业务水平、保证教学质量起到了重要作用，不仅保证了各个教学环节、各门课程的教学工作能够顺利组织实施，而且营造了良好的教风学风，引导广大教师、学员精益求精地把教学工作搞好。

本编收录军事工程学院时期教学经验档案文献14篇，包括学院科学教育部领导、教授会主任、教员的教学经验和学员的学习方法分享，涵盖答疑辅导、课堂练习和讨论、实习、见习、实验等环节，其来源主要是院系历次教学方法研究会议材料、《工学》报和《教学简报》。

关于推行新的答疑组织方法的总结

档案提要

　　答疑是学员在自学过程中遇到困难后，教员帮助打开学员思维、找到解决办法的重要方式。鉴于学院之前答疑工作长期处于不正常情况，答疑花费时间很多，仍不能很好地解决学员问题，从 1955 年 4 月 1 日起，军事工程学院决定在五系一、二科及一系五科一年级和五系三科二年级推行新的答疑组织方法，借以取得经验，然后在全院推行。

　　1955 年 6 月 11 日，《工学》报上刊登了学院科学教育部的文章《关于推行新的答疑组织方法的总结》。文章对前期推行新的答疑组织方法执行情况进行了介绍，总结了新方法的优点，指出了存在的问题，并对今后的工作措施提出了意见。

来源：国防科技大学档案馆馆藏（《工学》1955 年 6 月 11 日）

關於推行新的答疑組織方法的總結

科學教育部

一、執行的基本情況

鑒於我院答疑工作長期處於不正常情況，答疑花去時間很多，但仍不能很好解決學習問題。因此，自四月一日起，學院決定在五系一、二科及一系五科一年級（一個大班）和五系三科二年級進行推行新的答疑組織方法，藉以取得經驗，然後在全院推行。這種新的答疑組織方法，即是按照答疑工作量計算答疑時間，規定每門課每週只有一次答疑（答疑教員人數按答疑工作量計算結果配當），答疑時間放在下午四至六時。同時對教學雙方提出如下要求：要求學員儘量避免當日課程當日答疑，在自學中發現問題後，一定要深入地進行思考，試圖自行解决，實在解决不了，再填寫答疑卡片交給教員，等候教員處理。要求教員必須認真地、及時地分析答疑卡片，充分做好答疑準備。同時指出：教員應根據學員所提問題的性質，給予不同的處理，屬於枝節性的問題，可要求學員繼續鑽研；屬於思考方法錯誤的問題，可指出正確的思考方向；可以查考的，就指出參考書由學員自行查考；必須容易解決的，就留作答疑；某些問題，如與新課聯系較密切，就結合講授新課解決。並要求教員，應在答疑前準備好答疑卡片。同時指出，為了照顧程度差的學員，對於這些學員的幫助應較一般答疑還要開展。

開始執行前，系科領導和教員同志分別向同學作了動員，反覆說明了新的答疑組織方法的目的和作用。動員後，多數學員的認識比較正確，積極擁護這種答疑方法。但在部分學員中，卻存在一些顧慮。有的認為：「過去答疑時間那樣多，仍有等和擠的現象，今後答疑時間減少了，等和擠的現象將會更加嚴重。」有的認為：「答疑時間減少後，有些問題將要積壓下來。」特別是一些程度較差的學員，思想顧慮較大，覺得要「這樣一變，學習困難將會更多更大了。」但是，由於在實踐中體會到了好處，這些顧慮也就逐漸消除了。目前的基本情況是：學員等和、交談、和自行查研問題較過去少；答疑人數較過去減少；所提問題較過去深入；「等」和「擠」的現象基本上得到克服。二年級和一年級比較，則是二年級執行得較一年級為好，一年級學員有不願答疑的偏向。根據專科和教員方面的反映，一致認為：現在沒有人再反對這種新的答疑方法了，並認為：這種新的答疑方法在我院是完全可以實行的。

二、幾點好處

經過幾個月來的實踐，大家認為新的答疑方法有以下幾點好處：

（一）可以督促學員深入地安心地鑽研問題，提高學習質量。在過去，答疑很方便，答疑很方便，現代表督促答疑也很緊。因此，學員一有問題就去答疑，不習慣也不善於自行查研問題。表現在答疑問題很快，但往往問題解決得不深入不徹底。同時，因為當天問題要當天解決，所以，每天下午常常要將那些當天完一門課（有時一門也未該看好）即趕著答疑，效果很差。答疑改變後，每門課每週只有一次答疑，答疑前有幾天甚至一週的思考時間。同時，因為要求學員不要當天課當天答疑，這就給學員獨立思考創造了條件，因此，學員在發現問題後，不得不考慮到自己如何解決了。例如，有的學員說：「過去一有問題，就想到答疑，現在一有問題，就想要到自行推敲解決。」有的學員說：「在過去，書未看完就去答疑，現在呢，為了解決某一問題，往往要把書看兩遍或三遍。」隨著學員鑽研問題的加深，學習質量自然也就逐步提高，這在學員和教員方面都有反映。在學員方面，有的說：「一個主要問題溝通了，與之有關的一些次要問題就能很快地得到解決。」有的說：「凡是經過思考而答疑解決的問題，印象是比較深刻的。」在教員方面，有的說：「學員提問中，枝節性問題減少了。」有的說：「提出的問題比較中肯、明確，三言兩語就可解决。」

（二）可以加強答疑準備，提高答疑質量。答疑方法改變後，多數學員的思考能力加強了，因而提出的問題比較明確、中肯，容易解決，這是提高答疑質量的一方面。另一方面，因為利用了答疑卡片，在答疑前，教員可以根據學員送交的答疑卡片，進行分析研究，考慮學員最難的關鍵所在，和最好的解決方法，從而提高了答疑質量。某教員在談答疑體會時說：「過去答疑，教員是和學員一樣的被動，學員問什麼，教員就答什麼。現在，很難問硬要員到底存在幾個什麼主要問題，有時，學員提出問題，就是教員事先沒有想到的，現在呢，因為有了答疑卡片，我們可以根據答疑卡片進行研究準備，三言兩語可以解決的問題，或是帶共同性的問題，就事前答疑，後一種問題由課代表在班內公佈（按：書面答疑不應是主要的答疑方式）。與新課有關的問題，就結合講授新課解決，需要當課解決的問題，就留作答疑。」他又說：「這不僅可以提高答疑質量，還可以幫助教員檢查教學效果。」但是，也不是所有教員都這樣做的。

（四）可以保證溫課時間，提高講課質量。這一個好處，在五系三科熱力熱工和機械零件兩門課上表現得比較明顯。熱力熱工，過去每週答疑時間在六小時以上，現在每週答疑時間最多用兩小時。在過去，教員備課是重點試講的，答疑方法改變後，教員同志認識到：答疑的改變，將要求學員來應，應該儘量提高講課質量，爭取最後在課堂上能基本解決問題。因此，現在他們已將重點試講課改為每課試講兩次，通過試講，他們反覆探究了每門的系統性，突破難點的方法，以及如何精煉內容。由於備課充分認真，因而講課質量一般較好，能夠保證講授速度處的，並能引起學員的學習興趣。

三、存在的偏向

由於一些同志（包括教員和學員）沒有很好領會新的答疑方法的精神，由於一些學員在學習態度和學習方法上還有一些問題，因此，在執行新的答疑方法過程中，也是存在一些偏向的，儘管這是少數人的問題，但必須加以克服和解決。

首先是，有些學員依然沒有深入地鑽研問題，而是形式主義地對待新的答疑方法。譬如：有的學員在聽課後不及時進行複習，而是臨到某門課程答疑時間來到時，才開始複習問題。這種做法，實際上還是保留了過去那種做法，與新的答疑方法的要求是根本不符合的。這種做法，可以明顯，因為學員碰到問題後，並未反覆進行思考，試圖自行解決，而是把問題填入答疑卡片，交給教員，就算完事了，甚至到答疑時竟有人忘記了自己所提的問題。所以產生這種偏向，主要是因這些學員沒有真正了解到，與新的答疑方法的重要意義在於培養自己獨立工作的能力。

其次是，有些學員藉口獨立自研，而把問題積壓起來不願去答疑，這種現象在一年級學員中表現得比較突出，甚至像物理、數學、理論力學等課程，也很少有人去答疑。據統計，五系一、二科和一系五科合班的數學課，過去每週答疑九小時，答疑近六十人次，現在每週答疑六小時，而答疑約只有十人左右。答疑人數減少，是否因為真的沒有問題呢？答案是否定的。因為從數學、物理、理論力學等課程考核成績來看，不及格或勉強及格的人數逐不少，為什麼這些學員有問題而不去答疑呢？據各方面的分析，主要原因有四個：第一，有些學員本來就不喜歡答疑，過去因督促較緊，不得不找幾個問題問一問，現在，新的答疑方法要求大家多思考，他們就以此為藉口，乾脆不去答疑了。第二，新的答疑方法推行後，正是考模作業時始，根據過去的規律，在考模作業期間，答疑人數總是較少的，這是因為有些學員為了突擊考核作業而拋開其他課程不複習了。第三，有些學員依然存在著趕作業的任務觀點，沒有很好複習理論，因而也就提不出什麼問題，有些問題就似權非權的放過去了。根據五系一科的材料，目前仍有學員把學習分為「有形的」和「無形的」兩類，他們認為複習理論是「無形的」，可以拖，作業進「有形的」，拖不得，拖下就要登記上。第四，也有個別教員答疑時不很好準備，答疑質量低，時間拖得長，從而引起學員不願去答疑。根據這些原因，我們要求關門教員必須加強答疑準備，同時，要求專科方面和所有教員同志，必須繼續向學員進行教育，端正那些不正確的學習態度和改變那些不正確的學習方法。

第三，有些教員同志同樣沒有認真地執行新的答疑方法，譬如，個別教員依然採取過去那種所謂「照顧學員」隨時有問題隨時答疑的做法，要求學員真正認真地進行思考和填寫答疑卡片，表示卻害了學員，好像是「照顧」學員，實際上卻害了學員。因此，要求這些教員，必須嚴格執行新的答疑方法的規定，特別指出：個別教員把答疑方法的改變，片面理解為只是為了減輕教員的負擔，而在這種錯誤認識支持下，就會對答疑的態度不積極，不認真研究答疑卡片，不充分做好答疑準備。答疑中，有些問題本可三言兩語就解決，結果是無的放矢地說上一大堆，浪費學員時間，也影響教員威信。因此，要求具有這種態度的教員，應該提高認識和責任感，積極對待答疑工作。

四、今後如何辦

經過幾個專科的試行，證明按照答疑工作量進行答疑的辦法是可行的，並且有很多好處，可以提高教學質量和學員獨立工作的能力。因此，目前擬將新的這種答疑組織方法，應該在全院範圍內推行。為了在全面推行中不走或少走彎路，特提出幾點意見：

（一）經驗證明，新的答疑組織方法能否順利執行答疑的關鍵問題，在於統一認識，在於做好動員工作。因此，在實行新的答疑方法前，系科領導和教員同志，應密切聯系，互相配合，共同向學員做好動員工作。動員中，既要指出一有問題隨即答疑的壞處，也要指出積壓問題不答疑同樣是不對的。正確的做法是：遇到問題時，首先自行反覆思考，真正解決不了，再於答疑時間去答疑。

（二）經驗證明，答疑卡片有很多好處。對學員說：可以明確自己的問題，可以作為今後複習的參考。對教員說：可以檢查教學效果，可以做到有準備的答疑。因此，填寫答疑卡片的辦法，可以繼續推行。有些學員怕麻煩，不願填寫答疑卡片，應該進行說服教育。

（三）新的答疑方法的實行，不是單純為了減輕教員的負組，也不是意味著對學員的幫助可以忽略了。而是要求教員更有效地提高教學質量，更有效地指導學員學習，以提高其獨立工作能力。因此，教員同志，應該把節省下來的答疑時間，用於了解和研究學員學習情況，用於研究和指導學員學習方法，用於給學習困難比較大的學員幫助，用於研究教學方法，提高教學質量。

（四）新的答疑方法的實行，也不是意味著專科和教員方面的聯系可以削弱了。而是要求專科和教員方面應該有很好的聯系配合，互相反映和研究情況。只有如此，才能充分發揮教學中的組織領導作用。五系幾個專科，在實行新的答疑方法中，曾組織幾次學習座談會，並邀請了教員同志參加指導，學員反映很好，我們認為還應有好處的會議，專科可以經常的組織，因為這種不拘形式的座談，學員能夠說出真心話，因而取得教員的幫助也是較大的。

（五）根據幾個專科實行新的答疑方法後的情況看，有一種不正確的認識還是普遍存在的，即認為「新的答疑方法雖然好，但因學員書多、鑽研多，因此容易超課時。」我們認為這種認識是片面地、表面地、孤立地看問題的，我們必須認識到，一有問題就答疑，暫時解決問題可能快，但是因為沒有經過自己的深刻鑽研，印象不深，遺忘也較快，過去有些學員，答疑過了的問題，過些時候又要答疑；考試複習中答疑進出問題，考試時又問不出了，不是正好證明這個問題嗎？學後忘記，答疑跟著答疑，進行著邊教邊答，把這些過程所花時間加起來，就會知道一有問題就答疑，其所花時間是並不少的，只不過是有些時間在無形中花掉了，沒有較我們注意到、相反的，學員獨立工作能力如果有了提高，將會給他們節省許多自學時間。最後，還必須認識到，我們所培養的就是未來的軍事工程師，這就要求我們不注意培養學員獨立工作能力，因此，學員在整個學習過程中，多鑽研思考，訓練獨立自行書解決問題的能力，是完全必要的。

本学期组织与计划学员自学工作的经验

档案提要

　　学员的自学工作是教学工作的主要形式之一，并且是培养军事工程师的必要条件。因此加强对学员自学工作的计划与组织，提高学员的自学能力，是学院各级高度重视和关注的重要工作。1955 年 2 月 1 日，军事工程学院科学教育部副部长张述祖在学院第二届教学方法研究会议第三次大会上作了《本学期组织与计划学员自学工作的经验》的报告。报告详细介绍了学员自学工作的组织与计划过程，包括1953—1954 学年第二学期学员自学工作计划试验情况、1954—1955 学年第一学期学员自学工作计划及计划学员自学工作的结果等，提出改进组织学员自学工作的结论与建议，包括六个方面的内容：在正确组织学员独立作业的工作中各有关部门、人员及学员的职责；自学时间的分配；改进教学工作；答疑的组织；课程表的排定；学员间的互助。

来源：国防科技大学档案馆馆藏（KW37-Y-WS.W-1955-017-004）

本學期組織與計劃學員
自學工作的經驗

科學教育部副部長　**張述祖**

一．引　言

　　學員的自學工作是教學工作的主要形式之一，並且是培養軍事工程師的必要條件。學員在學院裏所要學的知識，並不是人家搞現成了的，必須通過他自己的腦力勞動，才能使所學習的知識在腦子裏鞏固，對所學得的知識加以系統化，並學會運用理論知識來解決實際問題。簡單地說，學員在學院裏不僅要學得教育計劃中所規定的全部知識，並且要學會掌握這些知識的方法和培養出獨立工作的能力，以便將來畢業後在工作崗位上能獨立解決所遇到的許多複雜的工程問題。

　　在學院裏學習的四年中，學員對所學課程的掌握程度，主要決定於學員自學工作的好壞。學員通過自學來全面、系統、深入地掌握知識，因此學員自學工作的好壞，直接影響教學目的要求的完成。此外我院各系科學員在院四年間全部學習時數約5200—5400學時，顯得課程多，時間緊，學員在學習中形成忙亂緊張現象。加強對學員自學工作的計劃與組織，提高學員的學習能力，是克服學員學習忙亂緊張的重要方法之一。

　　因此我院各級教學行政幹部及教學幹部對學員自學工作的組織與計劃及其獨立工作能力的訓練必須予以嚴密的注意。

二．　學員自學工作的組織與計劃過程

（一）1953—54學年第二學期中學員自學工作計劃的試驗

　　去年第一次教學方法研究會議中提出組織學員自學工作問題後，第二學期卽開始在二系一、二、五、六科重點試行 。 選擇這四科做重點試驗的原因是因為這四科合班上課，而講課教員的質量發展得比較均衡。科學教育部在學期開始前首先按第二學期中理論教育週數和學員每週自學時數計算出學員在一學期中全部自學時數。然後查閱該四科教育計劃中第二學期所開課程，會同有關教授會按課程的重要性和複雜性決定各課程間自學時間的比例。這比例數是說明課程總時數中每一小時需要多少時間來自學。將這比例數乘以一課程在一學期中的總時數，卽得該課程在一學期中的全部自學時數。各教授會按課程各章節的難易繁簡情况把全部自學時間按各種教學方式合理地分配於各章節，此外更把分配於各章節的時間，分為鑽研理論和做作業的時間，並按週選出對應於上練

29

習課時間的習題和課外作業題。科學教育部代替專科主任和各有關教授會商量，把這些時間作適當的調整，做到按週平均分配時間。專科主任將調整後的時間連同教授會的作業和課程表發給學員。學員因不善於按個人的知識、經驗、能力計劃其自學時間，卽簡單地照抄各教授會對課程各章節所分配的時間，作爲其自學計劃的時間。科學教育部從未加以檢查，作適時的修正。此外各教授會按分鐘計算時間，把時間分得很瑣碎。正因爲學員所製訂的自學計劃缺乏現實性，因此很難按計劃完成工作。另一方面各教授會在計劃自學時間時，未將學員準備考核作業的時間計算在內，因此在進行考核作業期間，學員的自學工作，就發生突擊現象。

從以上結果看，第二學期學員自學工作的組織與計劃，沒有能保證學員自學工作的均勻節奏性，因此沒有得到應有的效果。其原因是：

1. 專科主任沒有教導學員按其知識、經驗、能力計劃其自學時間並按日平均分配自學工作量，同時亦未明確各課程間自學時間的比例數只供教授會決定學員自學工作量之用，並非用作爲學員確定其自學時間的準繩。此外教授會按分鐘計算時間，把時間分得很瑣碎。因之學員製訂的自學計劃失却其現實意義，使其無法貫徹執行。

2. 教授會沒有把準備考核作業的時間計算在自學時間內，因此在準備考核作業時侵佔了其他課程的自學時間，形成學員學習的偏廢突擊和拖欠作業的現象。

3. 科學教育部對學員自學工作的組織未加檢查，故不能及時發現缺點、糾正缺點。

4. 教授會沒有足夠的經驗事先準備好有關課程的全部作業。作業只先一週選定。學員只能按週製訂自學計劃。因此限制了學員自學計劃的預見性並使學員無法按週平均分配時間。

此次學員自學工作的組織與計劃雖有上述諸缺點，但科學教育部在學員自學工作的組織和計劃方面，教授會在分配時間和計劃作業方面，取得了初步經驗，爲以後學員自學工作的組織與計劃奠定了一定的基礎。

（二）1954—55學年第一學期的學員自學工作計劃

爲了求得學員學習的節奏性，解決學員拖欠作業，控制學員每週自學時數起見，科學教育部在前學期組織與計劃學員自學工作的基礎上從多方面加以考慮，並開會動員有關方面從思想上和行動上作好組織學員自學工作的準備，並決定自去年十月份起全面開展。

1. 學員在一學期中的自學總時數

科學教育部在前學期末根據教育計劃查閱每系科本學期中理論教育的週數和每週學員自學時數計算出學員在一學期中的自學總時數。例如本學期中理論教育爲17週，而每週學員自學時數爲23小時40分，全學期約爲397小時。在這時間內，學員應當完成一學期中所有課程的課外作業，深刻鑽研聽課時所獲得的理論知識，準備課堂討論，考核作業，實驗及測驗。

2. 各課程間學員自學工作時數分配的原則

科學教育部會同各開課教授會、系教育科和專科主任利用比例數把學員自學總時數分配給各教授會，該比例數是說明一小時的講課需要多少小時來自學。自學時間比例數

30

是依據各課程的複雜性與重要性來確定的。根據所規定的比例數及課程的講課時數來確定課程在一學期中的全部自學時數。這是和上學年第二學期不同的地方。上學年第二學期用課程總時數,而本學期用課程的講課時數來確定自學時數,這是因為講課是研究理論的,而練習,實驗和課堂討論等教學方式是驗證理論和加深對理論的瞭解的。用研究理論的時間來確定自學時數較為合理。

科學教育部會同有關部門和人員決定自學時間比例時應考慮下列三原則:

(1)課程的重要性與複雜性:我們要學員不偏重和不偏廢而均衡地學習一學期中的全部課程,並不等於用同樣的精力和時間來學習每一門課程。因此要按課程理論的精深程度與複雜性給予不同的比例數。例如政治課是理論精深的一門課程,課程設計是綜合以前所學各課程的綜合學習,應給予最高的比例數。根據這個原則,我們依據蘇聯莫洛托夫動力學院的經驗和我院的具體情況,將我院現有課程分為五類而給予不同的比例數:

i)政治,課程設計: 1.2—1.3以上

ii)數學、物理、物理化學、理論力學、材料力學、理論電工、熱力學、流體力學等: 1.1—1.3

iii)普通電工、有機化學、電磁測量、內燃機、水力學、普通氣象、工程力學、投影幾何學: 0.9—1.0

iv)普通化學、金相學等: 0.8

v)建築材料、電工材料、金屬工學、工程地質、俄語等: 0.5—0.7

(2)全院公共必修課程,如馬列主義基礎、中共黨史、俄語等分別給予相同的比例數。數學,物理,普通化學,理論力學等課程幾個專科合班上課的也分別給予同一的比例數。這可使各有關教授會在計劃工作,提高業務,改進教學方法等方面有較大的方便。

(3)每系科所有課程自學時數之和應大致等於學員在一學期中的自學總時數。

又因為在各系科中理論艱深的課程的門數和份量不盡相同 , 門數多和份量重的系科,自學時間緊,門數少份量輕的系科,自學時間鬆,因此同一課程在不同大班中有不同的比例數,這就是高等數學和理論力學等課程有1.1—1.3等比例數的原因。又同一課程按其在系科中為主課或副課而有不同的比例數。上述的比例數是主課的比例數,副課的可稍低些。

科學教育部將這樣確定的時間直接或通過系教育科通知各有關教授會使它們知道所開課程的自學時數。教授會再按各課程的教學大綱所規定的內容和各章節的難易繁簡情況把全部自學時間作相應的合理的分配,此外更將分配於各章節的時間劃分為鑽研理論和作作業的時間,並選定相應的作業題。時間以小時計算。並按課程進度指導學員如何合理分配其自學時間製成課程進度計劃表,(表1)。

專科主任收集有關教授會的課程進度計劃表後,編製學員實際作業與報告作業計劃表。(表2)及課外作業收發時間表(表3)。前表中載有按週排列的實驗作業,課外作業,考核作業,測驗等。專科主任編製這表時應注意以下幾點: i)在一學期中前四週和後四週不排考核作業和課堂討論,因前四週中所教課程不多,不必進行考核作業或課堂討論,後四週必須給學員留出充分時間準備測驗,不應排考核作業或課堂討論,同

時這時期也應相應地減少課外作業的份量，以避免作業擁擠現象；ii）在一學期中間的幾週中，一週內不能同時有考核作業和課堂討論。如考核作業和課堂討論不可能避免地在同一週內出現時，則兩者間相隔至少有四日之久；iii）在一學期中不應把實驗排得前鬆後緊，各教授會應盡量做到把實驗均勻地分配於全學期各週內。如發現學員每週工作量不均勻時，則應和有關教授會商量調整使其均勻。

專科主任將編製的學員實際作業和報告作業計劃表、課外作業收發時間表、連同課外作業、實驗報告、課堂討論等作業量和課程表發交學員。學員按其自己的知識、經驗與能力按月製訂獨立作業個人計劃。如必要時專科主任可將各有關教授會編製的課程進度計劃表作爲學員製訂計劃的參考，但同時必須着重指出課程進度計劃表所規定的時間乃用以控制教授會計劃學員的作業量，而不應作爲學員製訂其個人計劃的依據。

3．各種統計圖表的製定

在教學過程中學員將每天對各課程的實際自學時數記入學員自學時數統計表內，並將對計劃的完成情況記入學員自學時數登記表內。專科主任於每星期日晚就寢前收集學員自學時數統計表和登記表後，用以瞭解學員學習的情況，並由學員自學時數統計表作成學員平均自學時數統計表。再由學員平均自學時數統計表對每一學習班和每門課程作出學員花費於自學的平均時間的每週統計和每門課程作業時間和鑽研理論時間的比值並各製成統計圖（圖1.圖2.圖3）。 科學教育部由學員平均自學時數統計表按課程教學大班爲單位作出各門課程花費於自學的平均時間的每週統計並製成統計圖。

科學教育部和系教育科應隨時檢查計劃的執行情況並從統計圖表中發現問題，消除缺點。

（三）計劃學員自學工作的結果

1． 成 績

（1）各開課教授會在九月份學期開始工作較忙的情況下，把分配給本課程的自學時數分配於各種自學方式之間，製定了課程進度計劃表並擬定了十月份的課外作業，專科主任及時地製定了學員實際作業及報告作業計劃表和課外作業收發時間表，保證了學員自學工作的組織與計劃能在十月份正式開展起來。

（2）學員從按週製訂自學計劃的基礎上改爲按月製訂自學計劃，擺脫了以前學習中時鬆時緊和被動的情況，機動範圍較大，預見性加強，使學員有可能主動地安排自己的學習，能通盤考慮自己必須在什麼時間完成什麼作業，如完成課外作業 ， 準備課堂討論，考核作業，實驗及測驗等，並能按其自己的知識，經驗與能力使所學課程按一定的比例來合理地分配其自學時間，保持對各課程均衡的學習，以克服偏重或偏廢一門或數門課程的現象。

（3）以前大家都以爲學員很忙，但是忙到什麼程度，沒有底。從學員自學統計的結果知道學員每週平均自學時數約在三十小時左右（ 一年級29.6小時 ， 二年級32.2小時）。按照蘇聯莫洛托夫動力學院的經驗，這種情況基本上是正常的。莫洛托夫動力學院由1948—49學年第一學期到1949—50學年第二學期，四個學期中由於組織學生自學工作的結果，一年級學生平均每週自學時數由33.2，32.8，31.6逐次遞減到27.8小時，二

32

年級由31.8，31.4，29.2逐次遞減到27.0小時。我院如能加強對學員自學工作的組織與計劃，這時間還可以逐漸縮短，這樣就有可能使學員從事文娛體育活動。

（4）從學員自學統計的結果中可發現教學中的缺點，對教學領導部門提供了可靠的參考資料，指示出教學方面的改進方向。

2. 缺 點

（1）由於有關部門和人員對其在組織學員自學工作中所應起的作用不明確，科學教育部也未及時深入檢查和明確指示，因而在執行中發生了偏差，未能產生應有的效果。例如考核作業題應當按經常完成作業的中上程度的學員在二小時內所能完成的深度和份量出題。科學教育部事先對這未明確指示，亦未及時檢查。因此有些教授會所出的考核作業題偏多偏難。考核結果，有些班竟有半數以上的學員不及格，引起了人為的不必要的情緒緊張。

科學教育部在組織學員自學工作方面的措施，多一般化；沒有抓住關鍵問題，求得及時解決，起到推動教學的作用。例如科學教育部組織檢查了學員自學所花的總時間，但沒有組織檢查學員花時最多的課程，採取措施，消除缺點；組織了學員的答疑，但沒有檢查答疑的質量；號召了幫助程度差的學員，但沒有深入檢查幫助的效果，因而不能總結經驗，介紹出比較好的做法。

（2）有些教授會對待組織學員自學工作是形式主義的。有的教授會對製訂課程進度計劃表的工作不夠重視，製訂得很潦草，各系都提出意見；有的把一課程的全部自學時間平均分配於各講次，顯示不出課程各章節的難易情況，降低了對學員製訂自學計劃的指導作用；有的事先擬定了練習課的習題，但上練習課時臨時改變習題的內容和數量；有的過高地估計了學員課外作業量，有的練習課中把學員未作完的習題留作為課外作業題，加重了課外作業量；有的將練習題、課外作業題和考核作業題由助教自由選出，不經講課教員或教授會主任的同意或批准。練習題是用來加深學員對講課中基本理論的理解的，我院助教的業務水平發展很不平衡，如果助教不能全面深入掌握材料，他選出的練習題和考核作業題是一定有問題的。

有些教授會不能按時（每月20日）將課外作業題和收發時間表送到系教育科，影響了學員製訂月自學計劃。這固由於有些教授會新開課，用大量時間備課或負担課程較重，不能對學員的課外作業及早準備好，但也由於有些教員思想上對這事不夠重視，認為只要講好課，就算完成任務，對指導學員自學考慮得不夠。

除少數教授會外，一般地很少到教務處或系教育科瞭解學員對本課程的學習所花的時間，研究教學中所存在的問題，改進教學工作。

教授會的答疑工作也是不能全部令人滿意的。因為助教的業務水平不平衡，有時助教對學員所提的問題不能一針見血地講清道理。因此希望教授會盡可能做到講課教員進行集體答疑，業務水平較高的教員進行個別答疑，提高答疑質量。

（3）各系教育科（除五系十月份一次外）沒有對學員自學統計圖表很好地進行分析研究，從中發現問題，提出改進意見，消除教學中的缺點。

（4）大多數專科主任和各有關教授會聯系不夠好，只滿足於學員完成作業的數量，很少注意學員完成作業的質量，把和教授會有關業務聯系方面的事全權交給課代表，

自己全不過問，這種做法是不對的。專科主任應會同各有關教授會嚴格要求學員作業的高度質量。專科主任只有全部掌握了學員完成作業的質量和數量的情況，並及時解決學員自學工作中所遇見的問題時，才可以保證學員經常均衡的學習，不積壓問題，不拖欠作業，使學員能平穩地通過考核作業與考試。本學期學員的大量積壓作業就是有些專科主任在這方面工作作得不夠的表現。學員積壓作業的另一原因是有些專科主任對學員尤其是對程度差的學員，採取了消極的憐惜態度，認爲學員趕功課很忙，作業完不成可推遲些，沒有從積極方面想辦法，幫助他搞通不明確的理論，改進他的學習方法，使他能跟上隊，逐漸補做未完成的作業。

專科主任沒有教導學員根據其自己的知識、經驗、能力製訂月自學計劃並調整一學期中自學工作量使保持學習的均勻性。根據檢查的結果，除二年級少數學員外，學員製訂的自學計劃缺乏預見性，不準確，在執行中變更很多，因此打亂了原有計劃而破壞學員學習的節奏性，尤其在考核作業以後，有些教授會在十二月份發給學員的課外作業特別多的情況下，產生了忙亂突擊現象。有的專科主任沒有把統計工作堅持到底。例如第十八週二系各科有五天課，但所有各科全沒有做統計和統計圖表，227班甚至連十七週的統計也沒做。

（四）學員如何計劃其自學工作

一般地說，因爲二年級學員有了一年製訂計劃的經驗，因此，他們所製訂的月自學計劃比一年級的好。但由於學員製訂計劃未得專科主任的適當指導，即二年級學員所訂的計劃仍多不能貫徹執行，除少數程度好的學員外，在執行過程中仍變更很多。例如根據調查421班第十週計劃和執行的結果，除少數學員的計劃比較準確外，其餘的計劃多缺乏預見性，執行中多所變動。單就考核作業而論，一班中能正確考慮考核作業的只佔全班人數的25％，有15％在訂計劃時全未加以考慮而把準備考核作業訂在考核作業的當天，實際上是放在舉行考核之後。根據調查513班第十六週計劃和執行的結果，發現一班中學員有75％未根據自己的情況製訂計劃，只把教授會課程進度計劃表中規定的時間照抄在自己的計劃中，而有40％在製訂計劃時未考慮準備課堂討論而把準備課堂討論放在課堂討論的當天，即放在舉行課堂討論之後。這樣的計劃只是形式主義的，無法貫徹執行，因此不可能產生計劃學習應有的效果。

在執行過程中學員不獨變更了計劃，並且把時間分配很瑣碎，每日下午有學習五至六門課程的，而對每一門課程所花時間有少至0.1小時也就是6分鐘的，對一門功課還沒有鑽研進去，又換另一個課目，這樣的自學，其效果一定是很差的。

（五）從學員自學統計圖表中所發現的缺點及其原因的分析

本學期學員學習的基本情況是大部份時間多花在基礎課和基礎技術課方面，而對中共黨史、俄語則有偏廢現象，這主要表現在學員對前者的實用時數超過或大量超過規定的自學時數，後者的自學時間比例數較蘇聯莫洛托夫動力學院的低，而學員對這些課程所用的自學時數反較規定的爲少。超學時最多的課程爲物理、理論力學、材料力學、化學、普通電工，理論電工等，其次爲數學、投影幾何等課程。例如根據本學期第

34

六週以後各週全部統計的結果，各課程之平均每週相對超時（即平均每週超出規定時數與規定時數之比）： 一系二科二年級材料力學爲126％，四系一、二科二年級材料力學爲103％，其餘各班材料力學爲35—90％；二系一、二、五科二年級普通電工爲 96％，三系一、三科二年級普通電工爲50％，一系三、四科及二系六科，三系四科，五系三科二年級理論電工各爲 79％及64％；四系一、二科一年級物理爲 91％，其餘各班物理爲23—80％； 四系一、二科一年級普通化學爲 91％， 一系一、二科一年級 普通化學爲85％，其餘各班普通化學爲50—65％；四系一、二科二年級理論力學爲58％，其餘各班理論力學爲29—47％；高等數學除五系三、四科二年級爲 40％外其餘各班均在 30％以下；所有各班投影幾何均在22％以下。其他課程平均每週相對超時也不少，如工程力學爲32—61％，金屬工學爲20—79％，但因其每週上課時數不多，故每週超過時數（絕對值）亦不多。

1. 超學時的原因

根據對自學統計圖表分析的結果，超學時的原因有以下數種：

（1）講課和練習課的質量（統稱教學質量）；

（2）課外作業量；

（3）系科領導和學員的學習方法；

（4）各系科課程的系統性和繁雜性；

（5）學員運算不熟練。

其中以教學質量，尤其以講課質量對超學時發生主要作用。

（1）教學質量

從自學統計圖表可以看出，講課重點不突出，沒有着重地講出基本理論的課程，學員學習困難，超時多，並且每星期超時，如一系一、二科一年級的物理是（圖 4 中10至13週的時間被準備化學，投影幾何，俄語的考核作業及準備馬列主義基礎的課堂討論擠掉）。如教員講課有重點，富有邏輯性，但學員對某些理論或原理仍不能透徹瞭解。這因爲講課教員只根據自己的水平，自己的想法來突破難點，沒有「有的放矢」地從學員的實際水平出發，把講課的程序和學員的認識規律很好地結合起來，講清學員所最容易發生模糊的概念。因此學員對某些問題容易瞭解而對另一些理論和原理則需用較多的時間加以鑽研，因此在統計圖表上表現爲間歇超時（即有些週超時，有些週不超時），如數學教授會大多數教員，物理教員胡昌國同志，有機化學教員譚自烈同志以及其他教授會大多數同志等（圖 4 ，圖 8 ）。其能在事先從練習題、實驗課、答疑、考核作業、考試及課堂提問中瞭解學員，備課時深入掌握教材，精選適當的教材並想定講課的方法，講課時創造條件，引導學員積極思維，即首先在學員已有知識的基礎上，提出問題，明確問題，並說明用什麼方法解決問題。講課語句精練而慢，盡量少寫黑板，使學員能隨教員思維發展，邊聽邊記。如遇有複雜問題時，則將其分爲多數小問題，逐步解決，這樣可使學員學習不超時或超時較少，如數學教授會戴遺山、吳克裘兩同志是（圖 5 ）。

如講課教員能講出重點和基本理論，在不同教員講同一課程而不能使學員全部瞭解的情況下，因各班課程表排課週次的不同，超學時出現的週次可能不同，但多出現在同一問題上，如數學中的極限概念，物理中的分子物理，熱力學第二定律，電位移，光的

繞射，普通化學中的原子構造，電離學說，有機化學中的醛酮酸，理論力學中的阻尼振動和相對運動，材料力學中的二向、三向複合應力及彈能的應用問題，投影幾何和製圖中的平面表現法及柱體和球體相貫等。

此外從統計圖表中也可以看出在同一教員講課的各個班中，如果教員或助教上練習課的質量好些，就能對學員作業發生好的作用，減少學員的作業時間，如理論電工教授會的黃炳權，物理教授會的萬晢姝，數學教授會的劉森石，理論力學教授會的王連起等同志是。

Ⅱ）課外作業量

擬定的作業時間與研究理論時間之比值較大的，也就是課外作業擬定得比較多的課程，學員用大部分時間趕作業，很少時間鑽研理論，因理論鑽不透而作業所花時間更多，前面的理論鑽不透，更影響以後的搞通理論，輾轉相因，因此引起學員自學時間的每週或近於每週超時。例如四系一、二科二年級理論力學作業時間與研究理論時間之比為80％，材料力學為97％，而學員實用時數之比還大大超過此數（圖3）。一系二科二年級材料力學作業時間與研究理論時間之比雖只53％，但學員實用時數之比最高達到7（圖2）。這樣，學員經常或一學期中有幾週用大部份時間來趕作業，不能經常有系統地搞通理論。因此學員平時所得的知識，是片斷的無系統的，也許靠考試複習的突擊，成績還考得不差，但是這樣獲得的知識，就會很快地忘得一乾二淨。只有教員在講課、練習課中和學員的課外作業中經常連系到，而學員在學習過程中經常複習到的知識，才可以在學員腦子裏生根滋長。教員同志們時常反映學員的知識不鞏固，作業量過多是重要原因之一。

作業量過多的結果也從對課程的消化理論時數（課程的實際作業時數加上對該課程的課外複練習理論和做作業的時數）與講課時數的比值，也就是一小時的講課需要多少小時來理解消化這方面表現出來。作業量過多的課程這比值大。例如四系一、二科二年級的理論力學，這比值約為3，四系一、二科二年級及一系二科二年級的材料力學這比值約為4。但三系二、三、五科二年級的理論力學及材料力學這比值則分別約為2及3，並且後者的平均考試成績仍較前者為優（前者依次為3.53，3.59，3.95，後者依次為3.92，3.96）。這可見過多的課外作業量不獨多花學員的自學時間，而且影響了學員的考試成績。

Ⅲ）系科傾導和學員學習方法

從兩次學習班的調查知道專科主任利用積極分子和黨團力量，結合教授會的指導，系統地介紹學習經驗改進學習方法；學員間主動地發揮同志間的互助作用，以搞好全班成績為目的；課代表及時地收集學員所存在的問題，交給有關教授會求得及時解決，使學員能隨時搞通理論，不積壓問題，不拖欠作業，則自學時間少而成績好。例如三二五班比四二四班好，五一三班比一一一班好，就是這道理。

四二四班和三二五班以及一一一班和五一三班學員在學習上表現的不同，固由於專科主任傾導強弱之不同，但一科的班數太多，科主任力量有限，不能分別組織各個班的黨團發揮輔助力量，因此無論介紹學習方法或解決思想問題，不能針對各班的特別情況，擊中要害地解決問題。如果學員在學習方法上或思想上存在有問題，就影響學習而

36

多費時間。

Ⅳ）各系科課程的系統性和繁雜性

我院有些系科課程比較單純、系統能按時循序漸進。其他各系科除學習本系科課程外，均或多或少地要學習與其他各系科有關的課程，課程多而繁雜。因此有些課程如物理等就不可能很好地考慮課程的聯系性而提前開課，否則四年內不可能學完全部課程，這說明有些系在第一、三學期中學員每週平均自學時數所以較少的原因。

Ⅴ）學員運算不熟練

超學時的另一原因是學員對數值運算不熟練。有一次檢查理論電工練習課，共三題，學員立式只花時二十分鐘，而計算花時八十分鐘，但有些還計算得不正確。這由於教育，行政部門，尤其是科學教育部缺乏預見，沒有及早採取措施解決這問題。最近翻閱蘇聯莫洛托夫動力學院課程作業計劃中載有任數學分析第一、二次練習課中卽教會學員運用計算尺。現我院已採取措施，從預科起卽教會學員運用計算尺來進行數值計算。

三、改進組織學員自學工作的結論與建議

（一）在正確組織學員獨立作業的工作中各有關部門、人員及學員的職責

1、科學教育部

（1）組織教授會與教育科，研究確定各課程的自學時數；

（2）直接地或通過系教育科，通知有關教授會所開課程的自學時數；

（3）確定各課程的考核作業、課外作業的分量、複雜程度及完成期限；

（4）檢查教育科及教授會對學員答疑工作的組織，檢查答疑日程表的完成情況及答疑質量；

（5）檢查教育科對學員獨立作業的組織工作；

（6）組織抽查學員在完成課外作業及其他自學方式（研究理論、準備課堂討論、考核作業、實驗及測驗等）時所實用的時數；

（7）對於檢查學員在進行各種自學方式時所實用時數的結果，進行處理；

（8）消除教授會及教育科在組織學員獨立作業的工作中的缺點；

（9）擬製正確地組織學員獨立作業的各種指示；

（10）組織與領導對於程度差的學員進行各種補充幫助。

2、教授會

（1）參加確定學員自學時數的工作；

（2）將分配給本課程的自學時數，分配給各種自學方式（研究理論；做課外作業；準備課堂討論，考核作業及實驗，準備測驗及其他等）時間的分配應在教授會會議上研究確定；

（3）根據時間的分配，確定課外作業與考核作業的次數、分量及難易程度，確定課外作業收發時間；

（4）與教育科、專科商定答疑日程表；

（5）保證答疑的高度質量，記載學員答疑情況（利用答疑日誌），嚴格執行答疑

37

日程表，通過專科或年級主任指定個別學員前來答疑；

（6）會同專科主任或年級主任不斷地觀察學員進行獨立作業的情況，督促學員及時完成課外作業，凡遇有任何不正常的情況時，應報告科學教育部和系教育科；

（7）定期地在教授會的會議上聽取講課教員關於學員課外作業完成情況、考核作業和實驗作業的情況、準備講堂討論以及其他等等的報告。（每期不少於兩次）；

（8）會同專科主任調整學員自學工作量，以保證其在全學期中經常地均衡地學習；

（9）在提高獨立作業的效率與正確地組織獨立作業方面，對程度差的學員應進行各種補充幫助。

3、教育科

（1）參加研究確定自學時數的工作；

（2）將本系教授會所開課程的自學時數通知教授會；

（3）會同教授會（通過專科主任）調整學員全學期的自學工作量，使其保持均衡；

（4）檢查教授會發給學員的課外作業是否與自學時數相一致，立卽採取措施消除已發現的缺點；

（5）通過專科主任督促學員及時完成課外作業，並採取措施消除缺點；

（6）有重點地調查研究學員花費在各個課程的各種自學方式的時數，並將綜合所得的結果通知教務處；

（7）會同教授會製定答疑日程表，監督檢查其執行情況及答疑質量，並採取必要的措施，消除已發現的缺點。答疑日程表應通知教務處；

（8）會同教授會和專科主任對程度差的學員組織各種補充幫助。

4、專科（年級）主任

（1）會同教授會和教育科調整學員全學期自學工作量，使其保持均衡；

（2）根據自學的各種方式製定「學員實際作業及報告作業計劃表」；

（3）督促學員及時完成各種課外作業；

（4）會同教育科和教授會製定本專科的答疑日程表。觀察答疑日程表執行情況及答疑質量；

（5）參加有重點地調查研究學員花費在各個課程的各種自學方式的時數，並將綜合所得的結果通知教務處；

（6）對程度差的學員組織各種補充幫助。

5、學員

（1）根據課程表及「學員實際作業及報告作業計劃表」按照所學各課程在進行獨立作業中需要的自學方式製定獨立作業個人計劃。

（2）依據自己的獨立作業個人計劃，按照規定的期限完成各種課外作業；準備課堂討論、實驗、考核作業、測驗；和有系統地研究理論材料。

38

（二）自學時間的分配

各課程按其重要性和複雜性給予適當的自學時間比例數，這是必要的，但根據自學統計的經驗，要靠較高的比例數來解決超學時的問題是不可能的。例如數學、物理、理論力學、材料力學等課程在理論方面的艱深程度約略相等，本學期這些課程的自學時間比例數也約略相等。但數學教授會所有各大班均超時較少，而其餘三門課程的自學時間比例數有時較數學爲大，但還是大大地超學時（圖6）。

各課程的自學時間比例數是用來控制教授會的作業量，而不是作爲學員製訂月計劃的準繩的。專科主任應教導學員按其自己對各課程的知識、經驗與能力合理地分配其所有的自學時間，並使自學時間能做到按日平均分配，以保持均衡的學習。在這時間內學員應完成其課外作業，準備課堂討論、考核作業及實驗以及深刻鑽研聽課時所獲得的理論知識和準備測驗。

在製訂月自學計劃、分配自學時間時，學員應查閱課程表，瞭解全月的課程配當必要何時考核，何時課堂討論，何時實驗和練習，以便通盤考慮，恰當地安排它們，予以的自學時間，避免無準備或準備不夠。此外更應查閱教學日曆，以便瞭解即將講授，課程內容的啣接情形。製訂計劃時不一定要死死地抓緊當天課當天複習的原則，要注意那些課應當天講當天複習，那些課可以留待講到某一段落後再去進行系統的複習；要考慮準備實驗和複習理論，複習理論和準備練習，複習理論和做作業可否放在一起進行；準備考核作業，課堂討論及測驗有無可能在一整段時間內舉行。本學期無論一年級或二年級學員都把每一下午的時間分得太瑣碎，減低了自學效果。因此建議學員下學期製訂自學計劃時，每日下午自學一門至二門課程，至多不得超過三門課程，俾能對每一問題深入鑽研、把問題徹底搞通，提高學習效果。

（三）改進教學工作

教學質量對學員的自學工作影響很大，因此要克服超學時現象，減輕學員負担，必須講好課，上好練習課。但講好課和上好練習課的主要環節，除深入瞭解學員外，在於教師全面深入掌握業務，不斷地改進教學方法。數學對低年級的學員來說是一門在理論方面比較艱深的課程，但在本學期教學過程中，數學超學時比較少，而考核作業和考試成績比較好的原因，就在於數學教授會掌握了不斷地提高教員的業務水平和不斷地改進教學方法這一重要環節。電工教授會和化學教授會在教員業務提高方面做了很多的工作，而在自學統計方面表現得不突出，其原因在於該兩教授會對教學方法研究方面還沒有如數學教授會抓緊「邊學習，邊實踐，邊改進」這重要環節的另一方面。爲了提高教學質量，我院各有關部門應加強組織，盡量給各教授會以充裕時間，不打亂教授會工作計劃，使教授會能保證業務學習和教學方法研究的經常進行。

練習課是培養學員由「被動」的聽課過渡到完全獨立進行課外作業的過程，是教員引導學員去思考，教會他們解決問題的方法，而不是學員自己解題。我院209教授會在專家指導下，半年來積有很好的經驗，將在本屆大會中報告，這裏不加細述。此外該教授會在事先精選了能闡明基本理論的習題並將練習課中未做完的習題和課外作業題合併

考慮作適當的精簡。 209教授會這樣的關心學員自學工作，能使學員對該課程的學習不超時或超時很少，並使學員獲得比較好的考核和考試成績，這一切都是值得其他教授會效法的（圖7）。

改進實驗室工作對學員自學工作有巨大意義。根據前兩學期的經驗，學員花在實驗方面的時間相當多，各教授會應整個考慮學員對每一實驗花在準備實驗、進行實驗和做報告等方面的時間，必須精簡內容， 加強學員實驗的獨立性。 每一實驗由助教全部試做，計算時間， 把這全部時間控制在一定範圍之內。 電工教授會在這方面已有初步經驗，希望其他教授會也在這方面加以改進。

此外教授會經常檢查學員作業的質量，指導學習方法，及時解決學員疑難，用課程進度計劃表來指導學員製訂月自學計劃，使學員能忙而不亂，有節奏地進行學習，這些對學員自學都有幫助。

（四）答疑的組織

學員在自學過程中發現有疑難問題時， 可由課代表收集這些疑難問題， 交由專科（年級）主任和有關教授會聯系，商定答疑時間及地點。這在我院也可由課代表直接聯系。教授會根據問題的情況，考慮及時進行集體答疑或個別答疑。集體答疑由講課教員進行，但在答疑前應對學員所提出的問題仔細研究如何講清問題的方法，使學員參加答疑後能對問題明確肯定。個別答疑盡量由教授會中業務水平較高者進行，俾可解答學員隨時提出的任何問題，以保證答疑的高度質量。這樣就能保證學員的疑難問題及時得到解決，不積壓問題，不拖欠作業。答疑進行後課代表把答疑情況隨即向專科（年級）主任彙報，俾專科（年級）主任能掌握班中學員學習情況。五系二科這樣的組織答疑的經驗值得其他系科學習。

我院各教授會對程度差的學員進行答疑的工作是比較脆弱的一環，到現在尚無成熟的經驗。對程度差的學員進行答疑，不獨要知道他存在着什麼問題，並且要知道他對這問題的想法。如果不對學員對某一問題的錯誤想法加以揭露與指出，要使學員接受教員的解答是比較困難的。材料力學教授會薛鴻達同志對程度差的學員進行答疑，有很好的體會。他指定學員進行答疑，耐心地親切地讓學員說出他對某些問題的想法，不打斷他的講話，針對其缺點指導以正確解答，並勸告其改進學習方法，結果收效很好。

（五）課程表的排定

課程進度計劃表是指導學員如何安排其自學時間的文件，實際作業及報告作業計劃表是調整學員工作量使其均勻的文件，因此，排課程表時應盡量按這兩表編排。但因我院教學人員和教學房舍受有限制， 課程表常排得非常亂，無規律， 使教師和學員均難以計劃其工作，致使講課教員常有誤課事件發生。因此建議在可能情況下課程表應排得整齊規律，即理論課都同排在第一、二節或同排在第三、四節，實際作業課都同排在第三、四節或同排在第五、六節；如課程每週為兩講次時應排在星期一、四或二、五，或三、六，如每週為三講次時則應排在星期一、三、五或二、四、六，餘類推。此外每一教員所負擔的課除應排得整齊規律外， 還應盡量排得集中，使教員有較集中的時間用以

40

提高業務，研究教學方法和進行科學研究工作。

（六）學員間的互助

學員間的互助對學員的自學也能起很好的作用。不過這種互助是由於學員們每天生活在一起，由於生活習慣的相近，感情的融洽，逐漸形成三五人的小組，每組中的成員可能都是程度好的，也可能有程度好的和差的，而不是有意識地把程度好的和差的配合在一起用行政命令組織起來的。在小組中學員們生活學習很自然，沒有負担。在經過各自獨立學習和思考之後，大家聚在一起，談談學習的心得，對大家都有幫助。小組內程度好的學員幫助程度差的是幫助差的在自學的基礎上站起來，幫助他用一切力量爬上來，而不是把他抱着走，抬起來，也就是說，程度好的幫助程度差的是幫助他學習，減少他學習中的困難，而不是代替他學習。程度好的不能代替教授會對程度差的進行答疑，答疑是教授會的事。我院各學習班中學員間的互助作用發展得仍不夠，應利用各班的黨團力量鼓勵發揚，使學員各自在自學的基礎上進行互助，發揚社會主義競賽精神，以取得全班的集體優良成績。這樣就可使我院學員的學習成績更向前邁進一大步。

（一九五五年二月一日在第三次大會上報告）

半年来培养学员独立工作的经验（提纲）

档案提要

军事工程学院十分重视培养学员独立工作能力。1954 年，科学教育部部长张述祖在学院第一届教学方法研究会议上作了《半年来培养学员独立工作的经验》的报告。在报告中，张述祖指出了学员独立工作的重要性，培养学员独立工作能力的几个重要问题，以及目前存在的几个问题。他强调：（1）树立严肃的学习思想、端正学习态度，密切教学联系，是培养学员独立工作能力的先决条件；（2）关于如何领导学员独立作业这个问题，教员要指导学员的学习方法，计划学员的工作量，督促学员制订学习计划，学员来答疑时先启发引导其思路，使学员可以回答自己所提出的问题；（3）教员应当经常地有计划地检查学员的独立作业；（4）为学员独立作业提供时间上、场地上、参考资料上的保证。

来源：国防科技大学档案馆馆藏（KW37-Y-WS.W-1954-009-003）

13

半年來培養學員獨立工作的經驗 (提綱)

科學教育部　　張述祖

一、學員獨立工作的重要性：

我院的教學任務是培養在將來工作崗位上能獨立解決問題的軍事工程師。因此，學員在院學習期間，必須通過獨立作業使其獲得一定量的知識，並學會工作方法，以養成其獨立作工的能力。

二、關於培養學員獨立工作能力的幾個重要問題：

（一）、培養學員獨立工作能力的先決條件。

1.樹立嚴肅的學習思想、端正學習態度。

為要學員學好，首先要使其有認真學習的態度，根據對414班的調查，如果學員學習態度不正確，就會嚴重地阻礙他們的進步，因此，系科方面要和教授會切實聯系，了解學員不正確的學習態度，針對其缺點進行思想教育，端正其學習態度。

2.密切教學聯系。

學員在聽課時，必須能獨立工作，而課外作業必須經常由教師指導，教師除講課要具有高度的質量外，並應具體地指導學員的獨立作業，改進其學習方法，此外，更須注意經常發現好的學習方法，交流經驗，改進學習方法。

（二）、如何領導學員的獨立作業。

1.指導學習方法。

教師除講課外，要對學員具體指導「聽課、記筆記」，「複習」、「 複習小結 」及「作業」等方法，為切實掌握學員學習情況起見，曾已414班為重點試驗班，進行這些方法的具體指導，取得了一些經驗，此外更對閱讀參考書籍取得了初步經驗。

2.計劃學員的工作量。

為使學員能進行計劃學習必須嚴格控制學員每週的作業量 ， 使學員一方面負担不過重，另方面能很好完成各種課業，每學期開始前，系科或科學教育部必須根據教育計劃，將下學期各課程的全部自學時間通知各有關教授會，各教授會則按該課程各章節的繁簡難易情況的不同分配自學時間，這樣每週各課程所需之自學時間自然就不能完全相同，因而系科方面必須作全面考慮，予以適當調整、做到各週的工作量接近平均數字。

3.督促學員製訂學習計劃。

為使學員有效地均衡地學習，必須使其能合理地、全部地分配其自學時間，因此必須製訂學習計劃，惟製訂計劃時，必須按「教學過程組織基本條例」第四七條的精神，做到當天複習教師講授的課程，事先準備實驗和課堂討論以及盡量做到當天完成指定的作業，

— 14 —

這樣才能收到預期的效果。

4. 答疑。

學員來質疑時，必須先啟發，讓學員思考，再啟發，再思考，引導其思路，使其自己可以回答自己所提出的問題。惟對不同程度的學員應用不同的啟發方式。

學員有共同疑難時，教師必須針對問題，事先詳盡考慮，用逐步提問的方式以搞通基本概念，一般地重複講授課堂內容，對學員幫助不大，不能切實解決問題。

（三）、檢查學員獨立作業。

教師應當經常地有計劃地檢查學員的獨立作業，對獨立作業質量要有嚴格要求，系科及科學教育部應檢查學員獨立作業完成的情況，以及工作量是否恰當。

（四）、保證學員獨立作業。

1. 保證學員有足夠的自學時間，並善於有效的利用。

2. 有充分的參考資料。

3. 有整齊清潔和肅靜的自學場所。

三、目前存在的幾個問題：

（一）、在學習蘇聯經驗中所存在的問題。

領導上對培養學員獨立工作能力，曾提出一些辦法，但有少數教學行政幹部及教學人員對此認識不夠，未能徹底貫徹，有的甚至遷就部份學員的落後想法提出了一些相反的意見，大大地影響了教學效果，因此，我院各級教學領導幹部及教學人員今後必須按「教學過程組織基本條例」辦事，認真學習蘇聯，克服經驗主義和保守思想。

（二）學員看參考書問題。

我院學員除少數程度好的能參閱書籍整理筆記等外，大多數則以時間不足，無暇閱讀書籍，這是一個嚴重的問題，學員在院學習期間，必須在教師指導下培養成閱讀書刊雜誌的習慣和能力，不斷地擴充其知識領域，以為在工作崗位上獨立解決問題的準備，為解決這問題，應從提高教學質量和改進學習方法着手，特別是提高教學質量更為重要，各級領導幹部亦應重視這個問題。

（三）具體指導學員獨立作業問題。

教師僅對學員講一般的學習方法是不夠的，必須予學員以具體的指導，這對程度中下的學員特別重要，教師應當從檢查學員的筆記、作業以及個別談話中去發現問題，從而針對其問題關鍵所在給予具體幫助。

（四）系科和教授會的聯系問題。

學員自學工作的組織和計劃是系科和教授會共同的責任，學員作業的質量，應由教授會負責檢查，學員完成作業的情況及工作量應由系科負責檢查。

此外，教授會在一定時期內要提出該門課程的要求，系科根據這要求從黨團方面和行政領導方面予以保證，教授會應將在教學中所發現的一些思想問題通知系科，俾便及時教育糾正，系科亦應隨時將學習情況通知教授會，使其能更準確地掌握學員情況做到有的放矢。

材料力学教授会培养学员独立工作能力的体会

档案提要

　　有意识有计划地培养学员独立工作能力，是培养军事工程师的基本要求。1955年2月1日，军事工程学院材料力学教授会主任周明瀠在学院第二届教学方法研究会议第三次大会上作了《材料力学教授会培养学员独立工作能力的体会》的报告。在报告中，周明瀠从学员学习材料力学过程中存在的主要问题入手，剖析了学员在学习过程中存在的基础不扎实、不善掌握关键、有依赖保守心理和计划性不强等问题，从教学环节中的理论课、练习课、实验课、答疑和辅导四个方面，介绍了培养学员独立工作能力的具体做法。（1）理论课要做到：系统严密，重点突出；启发诱导，联系学员实际；运用各种工具，保证听课质量。（2）练习课要选题适当、上课方式灵活、正确布置作业，并加强指导与检查。（3）实验课要根据教学内容做好课前准备，实验过程中注意正确指导。（4）答疑和辅导是十分灵活而有效的教学环节，负责答疑的教师要提前整理分析学员登记的问题，以此决定答疑的方式和方法。

来源：国防科技大学档案馆馆藏（KW37-Y-WS.W-1955-017-004）

材料力學教授會培養學員
獨立工作能力的體會

材料力學教授會主任　**周　明　鷆**

引　　言

我們的共同任務是：培植「具有高貴的共產主義品質，能獨立解決軍事工程任務，有高度紀律性、文化教養與軍事素養，有能夠克苦耐勞的堅強體魄的軍事工程師」。要順利地完成這一光榮任務，最基本的要求是把「教師的主導作用」和「學員的自覺積極的學習」，很好的統一起來，隨時隨地注意培養學員的獨立工作能力。有意識有計劃地培養學員獨立工作能力，在資本主義的教學思想裏，是不可能有的。它是一項辛勤的創造性的勞動過程，是全心全意為人民服務的實際體現。要做好這一工作，必須把它的基本精神貫串在各個教學環節中，在不同階段，對不同水平的學員，要有不同的培養辦法。基本要求是使學員從依賴教師的扶持，過渡到能自己獨立工作。教師在培養的過程中，從低級過渡到高級，逐步提高要求。決不是「把人拋到水裏要他自己去游泳」的「不管」方式，更不是「揠苗助長」的「包辦」方式。這裏斯大林同志智慧的指示，對我們有很大的教益。他說：「應當注意地照顧地培養人材，像園丁培植自己的菓樹一樣」。

材料力學教授會開課以來，由於院首長和顧問同志的耐心教導，在這方面知道重視。可是由於水平和經驗的限制，工作開始時對培養學員獨立工作能力感到空洞抽象，缺少辦法，工作做得很差。具體表現在學員開始學習材料力學時效率和效果都不好，在完成作業的時數上，大大超過了原定計劃，各班一般超過百分之五十，個別嚴重的甚至超過百分之一百；在考核作業的成績上，各班不及格的人數，一般近於百分之三十，個別嚴重的甚至達到百分之五十。通過這樣嚴重的經驗教訓，教授會進行了一系列比較深入的檢查分析，總結出在教學中存在的主要問題，在進一步學習文件制定了努力綱領的基礎上，試行過一些具體措施，教學工作得到初步改進。這裏我們首先將學員在學習中存在的問題加以報導，然後將課堂活動和課外活動各方面的少量體會，扼要地加以申述，中間不正確不全面的地方，請同志們批評教正。

（一）學員學習材料力學過程中存在的主要問題

我院學員，都是在政治上經過了一定培養的知識青年，一般的說，對學習是積極努力的。可是由於種種原因，在學習上，還存在着不少問題，主要表現在下列幾方面：

（1）基礎不着實，知識不鞏固。有些學員，對三角幾何代數物理等基本工具，還

42

不夠純熟掌握以致吸取新知識時，顯得困難，他們往往學到後面，忘掉前面，遇到實際問題，忘掉運用理論。例如求面積的重心和慣矩，列出剛體的平衡條件，僅數量的函數關係作圖等，大家學過多遍，可是不少學員，硬是在這方面兜圈子。又如在課堂裏講過的例題，到考核時稍有改變，就感到束手無策。由於基礎知識不鞏固，遇到不成問題的中間步驟，都成了問題。於是聽講跟不上，演題難點太多，獨立工作困難重重，（如不會看圖，示力圖盡不對，微積分概念不透徹，集中力偶觀念模糊等）教學兩方都感被動。

（2）不善掌握關鍵，明確系統連貫。不少學員，覺得材料力學十分零亂，前後無聯系。如學完機械性能，學拉壓超靜定問題，接着又學剪切，下面又是另一套應力分析扭轉等，感到掌握不了這一課程的特徵與目的。有這樣的感覺，自然很難獨立地掌握和運用這些已學過的知識。例如：對於「解決材料力學問題的基本步驟」，在緒論裏重點講過，在扭轉分析裏講過，到分析撓曲時又講過，但部分同志仍不體會。經指明後，才恍然大悟：「原來這就是材料力學的基本方法，過去從未體會」。另外一些學員把材料力學看得很簡單，認為只是幾個公式翻來倒去。他們很少注意公式的推導、限制、和運用。只把幾個結論或公式背一下，就算抓住重點了。可是到具體解題時，又不免袖手呆想，下不了筆。複習時，部分學員只看看當天筆記，很少看書，也很少和已學過的內容對比聯繫，作出小結。質疑時提出的問題，不少是枝節性的，甚至是未通過思考的。這樣學習，到了考核及考試時，自然會感到時間不夠，需要突擊了。

（3）有依賴保守心理。部分學員，沒有真正認識到：知識必須通過自己的艱苦勞動，才能牢固地掌握。例如：四系某班不少學員，在專題作業時，為了怕返工，做了一半，要求教員替他檢查，說自己檢查不出錯誤來，事實上他們完全有能力自己去進行校核。524班尹發楚，自己做的作業，事後忘記了做法，問教員，他是怎樣做的。另一學員，實驗時問鑄鐵何故沿45°方向壓壞，教員指示，用應力圓去求解，他並未立即自己動手，繼續要求教員代他把應力圓作出讓他看。有的學員，不相信計算尺，愛用筆算，在小數點後出現過十多位數字；有人對簡單乘除，不去心算，偏偏要用計算尺。不少學員，盡管已是二年級的學生，還感到聽講和記筆記有矛盾，希望教員講得慢，多寫黑板，要寫出大標題、中標題、小標題，指出重點與關鍵等，未擺脫中學學習習慣；有些學員，在考核期間，企圖猜測教員意圖。例如某系學員，因為教員在考核前沒有叫帶圓規以為不會考應力圓，複習時就不看它。個別學員，在考核時，因為教員在他面前站得稍久，就猜測教員一定看到了他卷中錯誤，，因而反把做對的結果改錯了。

（4）計劃性不強。不少學員在規定答疑時間內，不去利用，喜歡隨時到教授會找教員解決，或希望教員下班輔導。部分學員，因為作業不能拖欠，盡量趕任務，認為複習深度如何，一時難被查出，因此不用充分時間複習理論。考核作業時，不少學員，不能當天課當天複習。例如：有一班連續測驗俄語及機械原理時，把材料力學理論複習，冷擱了一星期。少數學員，由於學習被動，往往把問題積壓很久，不求解決，儘管追得緊，作業還不免拖欠。

學員學習中存在過這麼多問題，充分說明我們的教學工作有很多缺點。通過研究改進，推行了一些辦法，有些問題逐步地解決了。還有些問題，有待於今後不斷改進工作，加以解決。

43

（二）理 論 課

理論課又稱爲課堂講授，是培養學員科學思維的主要環節。爲了提高教學效果，我們初步做到了下例三點：

（甲）**系統嚴密重點突出**　要使學員的思維活動有一個中心，必須删除枝節，化繁爲簡。有了重點，才能使學員的思維，保持高度集中，分析問題時，也才能深入透闢；有了系統，才能培養學員理解問題的科學性和邏輯性。過去個別教師，對這點重視不夠，希望把自己知道的東西，都教給學員，什麼都捨不得丢，結果學員難於接受，反而引起了「材料力學就是零碎」的錯覺。本學期我們明確提出系統和重點的要求，在修訂教學大綱時，就結合這一要求，討論過如何教好較難較緊的部分；在講緒論時，我們就着重講授分析問題的步驟、截面法、壘加原理等基本方法，並在分析每一新問題時反覆強調，聯系對比，現在多數學員已能體會本課程的科學系統性。我們認爲，要做到系統嚴密重點突出，首先要求教師認眞編好教案。一個好的教案，必須完整、細緻、正確。有關教學的主要部分，如目的、過程、方法、教具、參考資料等，都能應有盡有，這樣叫做「完整」；把一堂課的全部過程的每一步驟，都仔細考慮到，而且扼要寫出，這樣叫做「細緻」，例如關於「提問」準備提什麼問題，問誰（姓名），如何深入啓發，大致花多少時間等，都能清楚註明；在教學目的、教學方法等方面都符合於這堂課的內容和學員程度，這樣叫做「正確」，例如，在考慮理論的表達方面，應多從學員接受能力出發，少考慮「要補充些什麼」，多研究如何貫徹系統與重點的要求，留出時間來和學員相互提問，這樣對學員記筆記和進行獨立思考，都有幫助。課與課之間，也要保持明確的系統和重點，例如：一些基本方法是爲了分析構件幾種新型的形變的，而分析形變，總的是爲了研究構件的強度剛度和穩度。眉目清明，往返重複，不但不致使學員迷失方向，還會收啓發鞏固的效果。

（乙）**啓發誘導，聯系學員實際**　要使學員獨立工作能力不斷提高，必須在他現有的知識基礎上，教會他觀察問題、思考問題、理論聯系實際的方法，激發他的創造性的思維活動，隨時注意掌握思路，逐步提高要求。我們教的是二年級學員，已有少量的獨立工作能力，可是他們的基礎知識很不鞏固，需要我們來幫助他們鞏固，事實上，也只有在多次靈活運用理論的基礎上，知識才會鞏固。在開始講授截面法計算構件內力時，學員對過去學過的知識，如示力圖、支座約束、空間力系、平衡、力偶的作用、從曲線方程式作圖、微積分的運用等，都不太熟練，因此我們就由複習這些內容出發，從簡單到複雜，逐步聯系着材料力學的問題，儘量由他們自己解答，由作出示力圖，計算支反力，求出截面上的各種內力，進一步指出內力圖的作法，接着說明作等強度桿的計算，以及相應的形變的推求等。伸壓問題、扭轉問題、撓曲問題，都根據這樣的步驟，逐步深入，反覆對比，幾度反覆之後，學員不再感到記不下、跟不上、做不出了，漸漸對獨立解題有了信心，有了興趣，不少學員已能自己出題作深入一步的鑽研。我們認爲要做好啓發誘導工作，首先要經常了解學員情況，多多吸取系科同志、其他教授會同志和課代表的意見，注意收集生動而切要的事例，要善於用簡單明瞭的講解，深刻說明比較緊複的理論，要善於運用環節，使課堂活動不顯單調；還要善於描繪出廣闊的科學世界，

44

使學員不僅了解當前的問題，同時給他們揭示今後的遠景和科學的任務。當學員受到啓發而流露出興奮愉快的表情時，教師內心的安慰和幸福的感覺，是無法描繪的。

（丙）運用各種工具，保證聽課質量　在不妨礙學員獨立工作能力發展的原則下，充分使用實物教具，對聽課質量的提高，對學員知識的鞏固，起很大的作用。整齊美觀的掛圖，可以培養學員良好的工作習慣，可以節省畫黑板的時間；簡明生動的模型實物，可以顯示不易弄清楚的複雜現象，可以加強說服力。從我們的體驗中看出：凡是正確使用實物來說明問題時，講和聽都顯得更有生氣，而且比較省力。例如在分析角鋼與鋼板鉚接的問題時，一系一科未用模型，學員理解起來很感困難，其他各班，引用了自製模型去講，一下就弄清楚了。在講授柔索、鉚接、扭轉、梁內剪應力等問題時，都是由於引用了形象實物，學員領會起來，並不費事。我們認爲：除了聽以外，凡是可以讓學員看、摸、操作的，都應盡可能地讓他們做一下，試一試，課堂上照顧不到的，複習時可以辦到。這樣做，不但可以幫助理解，還可以使直覺所感到的形象，在他們的記憶中保持得特別長久。心裏有了這種深刻的印象，也就能容易地持久地聯系着抽象的思維。毫無疑問，通過多種直覺並在頭腦裏想過一番的東西，總比單純聽來的東西，在自己心靈上的印象和影響，要深刻得多。除了實物教具以外，我們採用過印發填空白的講義的辦法。講義上印出多種圖樣，一部分圖線和數據，在講授時才給指出，使學員一面聽講，一面填補，這樣可以節省不必要的抄寫時間，讓學員得到思考練習的機會，還留下一部分不講，作爲學員課後複習時練學思考的材料，自己把空白的圖線與數值填上，在講授鉚接合傳力途徑，三向應力圓的來源以及各種靜定梁的剪力撓矩圖時，我們這樣做過，效果都比較好，這些內容，過去是學員較難掌握的部分，使用這種辦法以後，學員碰到這類問題，很少出錯。

（三）練　習　課

練習課是培養學員獨立工作能力的重要環節。通過練習課，可以檢查講課的質量；可以了解學員學習情況，進一步督促他們學習；可以鞏固講授的概念，進一步培養學員應用理論知識解決實際問題的能力。我們的練習課是在摸索中前進的。開始時目標不明確，計劃不周密，準備不充分，質量較低。通過考核作業的經驗教訓，各業務小組注意了開好「練習課準備會」，對於選題、指導方式、掌握及估計學員情況等方面，都作了比較全面的研究，上課質量有了一定改進。當然，缺點還是很多的。以下分三點來談我們的體會。

（甲）適當選題　我們認爲選擇習題，要注意密切配合理論課的進行和學員實際情況。題目的性質，不應是總結性和概括性的。我們開始時選用包羅萬象的題目，效果不好，才決定選擇一些小題目，把它們作有機的安排，每一個題目，重點解決一個概念的運用方法。這樣可以使第一題弄清楚的概念，爲第二題服務，以此類推，每題所費時間不多，因而學員可以有機會遇到多方面應用的實際例子，不斷增加經驗，開廣見識。對程度較好的學員，我們讓他選做補充題，鼓勵他自由發展，對學習困難的學員，只要求他們做完最基本的幾個題目，要點在於幫助他弄清概念，學會基本運算。每一個題目，可以向前向後推廣若干步，供學員自由練習，鞏固知識。所選題目，除了配合前一

講理論課外，有時要能給下一堂理論課做準備工作。例如在練習課上先算一個應用「資用應力法」的超靜定問題，到理論課講「許可儇法」時，就用此題爲例，以便對比；在練習課上先畫一下表明純剪狀態的應力圓，作爲理論課上推導 E，σ，μ 關係的基礎等等。這樣，在經過學員思考過的基礎上，引入新的理論，聽課質量可以提高，還可以爲理論課節省出一部分時間，來反覆闡明概念，根據課程性質，我們選題時還要求注意工程運算的訓練，每次總要有少量數值上並不簡單的算題或作圖題，以培養學員運用算尺表格、比例尺、定小數點位置及有效數字的技巧。爲了防止學員上課被動，我們配合着教材內容，制定了一系列的「課前提示」，要求學員在複習理論，準備上練習課時，複習一下必要的基礎知識，這一點對上好練習課有不少的幫助。

（乙）靈活的上課方式　通過多次的嘗試，我們體會到：練習課的領導方式必須靈活。應該隨課題性質，學員複習情況，以及各班學員程度等方面而適當變換。過去，我們學習了其他學校的辦法，要用討論概念，演算典型題，再由學員自己演題的方式，效果欠佳。後來，經過兩次輔導月會的研究，比較深入地體會了專家指示的精神，才扭轉了這一偏向，分別試行過下列幾種方式：（1）半典型題式。教員出題後，適當加以說明，做出一部分，其餘留給學員做，當大部分學員做完此題後，由一位學員報告思考途徑和正確結果，再開始做另一題。這一方式，比老辦法較爲靈活，對學習困難的學員幫助較大，對好的學員也減輕了束縛；（2）課堂討論式。教員出題後，通過大家共同討論來明確問題的關鍵，然後由學員自己解題，在學員有了一定的基礎後，採用這一方式比較合適，本學期一系二科學習材料力學下半部，上課多用此法，效果較好；（3）連貫小題式。題目較小，做完一題後，導出另一題，做完後再導出另一題，師生共同勞動，比較活潑；（4）學員板演式。題目指定後，通過一段思考時間，叫一位學員上來板演，其他學員自己做下去。板演中有原則性錯誤時，不先指正，叫另一學員來改，假使改錯，可由全班討論，教師總結。這種方式，學員很感興趣，可以得到深刻的印象，可是必須注意掌握時間，演題較快的學員。可以讓他演算另一題，以免受到牽制。……不管採用那種方式，在學員演題時，不能容許任意交談，除因特殊需要，（如查數據或記不清複雜公式等），不准翻書或查筆記。我們發現，學員往往機械地模仿書上的類似題目，或生硬地亂套公式（五系有位學員，把鉚接公式用去分析榫接），這樣就妨礙了對他們思考問題的方法和獨立工作能力的培養。課堂巡視，可以及時指正錯誤，個別啓示解決問題的思考途徑等，對學習困難的學員，特別重要。發現問題要敏銳，要求要嚴格，普遍性的原則性的錯誤，必須提出討論，讓大家警惕。我們認爲：學期開始時，把習題規定出來告訴學員，是不恰當的。因爲一方面它們不一定切合實際需要，另一方面學員往往會事先靠模仿、硬套、討論等式方，把題目拼湊出來，這樣就收效不大，假如讓他們在課上重做，他們又沒有興趣了。經驗證明：講理論課的教師，親自領導一班練習課，對提高教學效果，有不小的幫助。

（丙）正確佈置作業加強指導與檢查　這裏所謂作業，包括課內外的習題和專題作業。課內習題是在教師幫助下完成的。目的在於使學員掌握解決實際問題的方法；課外作業（包括習題與專題），是學員在課外獨立完成的。習題的目的，在於鞏固學到的方法和技巧，因此每一道題，都要引起學員一定程度的獨立思考，這樣才有意義；專題的

46

目的，在於鍛鍊學員進一步處理比較全面而複雜的實際問題的能力。爲以後進行課程設計作準備。這些都是培養學員獨立工作能力的重要工具。過去，由於其們未能準確計劃學員的作業量，佈置的作業，收效不大，有些還成爲學員的包袱，經過適當調整，並對課外作業加強指導後，學員作業的效率和效果，才有了一些提高。其們認爲：儘管要求學員獨立作業，並不能放鬆了教師的領導作用。在佈置作業時，教師要明確提出作業的目的與要求，對差的學員，還要適當指點思考方向和容易出錯之處。在作業進行中，定期聽取課代表的反映，進行重點檢查，及時防止走不必要的彎路；作業完成後，進行必要的批改，指出演算中不夠標準的地方，由學員自己改正，將作業中所發現的問題，作出小結，在練習課中或黑板報上公告。經驗證明，對作業嚴格要求，可以提高它的質量，減少拖欠現象，對學員的教育意義很大，同時學員也非常歡迎。

（四）實　驗　課

實驗課不僅是印證和鞏固講授內容，更重要的是通過實驗使學員學會親自動手，發展其獨立工作能力。在實驗課開始以前，我們吸取了其他大學的經驗，並學習了蘇聯哈爾科夫城市建築工程學院「領導材料力學實驗課的經驗」一篇報導（刊53年第5期蘇聯高等教學通訊），我們的實驗課，基本上是按照那篇報導裏所建議的方式進行的。半年以來我們在「邊建、邊學、邊教」，教學中存在的缺點很多，這裏我們提出兩點體會，向大家報告。

（甲）做好課前準備　實驗課的課前準備，以培養學員獨立工作能力爲前提。首先要編好適合實驗室設備和充分估計到學員自學時間的實驗講義，這種講義，應該起到指導學員獨立進行實驗的作用。其次要在制定教學日曆時，注意使理論課與實驗課緊密配合。那些着重觀察物理現象的實驗，如拉伸、壓縮、剪切等實驗，最好放在理論課之前，這樣對培養學員聽課能力和獨立工作能力都有較大的好處，如果實驗內容是驗證比較複雜的理論與公式時，千萬不能那樣做，否則會花去學員很多時間，收獲却很壞。本期三系有幾班，把扭轉試驗排在理論課之前，使學員學習蒙受了不必要的損失，在組織實驗時，要注意保證學員能獨立地有系統地進行全盤操作，必須在器材上給予適當的保證，不能讓過多的學員，同時使用一組設備。設備實在不夠時，可以採用大循環制，目前我們只有一架扭力試驗機，因爲採用了大循環制，還是保證了學員能分成三人至五人一組，進行操作。在學員預習時，要進行很好佈置，四系426班事先安排得較好，學員在操作過程中對試驗機已比較熟練，不用教員給予好多的具體指導，就能比較順利地進行實驗，並且有充分時間，來觀察實驗中所產生的一些現象，整理報告也比較迅速，學員蘇西林，在實驗報告裏，還提出了對扭角儀及扭轉試驗機的一些切合實際的改進意見。

（乙）注意正確指導　在實驗前進行抽問，考查及格後才准許實驗，這樣對督促檢查學員的課前準備以及對了解學員學習情況都有助益。開始時曾有少數同志有些顧慮，怕時間不夠；怕學員答不出，不得不停止他實驗，如果停止，個別學員拖下來又怎麼辦等等。事實上這種不必要的顧慮，是由於沒有認眞貫澈「教師的主導作用」與「學員自覺積極的學習」相結合的基本原則。在講緒論時以及上練習課時，就能注意從思想上給

47

學員以足夠的重視，這樣的情況是很少發生的，在實驗開始時，應該講明實驗的原則是「正確、敏捷、方便」，並扼要地交待操作中應注意的事項，免得學員在操作時束手束腳，甚至心驚胆戰。還要防止學員作不適當的分工。例如：有一班學員，仿效工廠的辦法，把測驗試件、記載數據、觀察現象，整理報告等分成專業，由相應的小組負責，教師未予及時糾正，以致該班學員，對某些實驗不能全面掌握，測驗時才給發現。在實驗過程中，同樣要注意啟發誘導，充分聯系理論知識，儘量讓學員自己安裝儀器，進行操作，教員或實驗員只能給予必要的指導。隨時干涉學員「這不對那不對」，或是目不轉睛地看着每一個學員工作，一發生困難，馬上就衝上去幫助，這些都會妨礙獨立工作。

（五）答疑和輔導

這是一項十分靈活而有效的教學環節，切實做好，對學員的教育和教養的意義都非常之大。凡是在課堂活動裏所難於照顧到的地方，都可以通過答疑和輔導來加以貫澈。在這方面，我們下的工夫很不夠，有待於今後的努力。關於如何做好這一工作，這裏提出三點來和大家商榷。

（甲）有準備的答疑　答疑是具體幫助學員的基本方式。按照蘇聯標準，答疑時間，不超過講授時間百分之十五。目前我院情況，一般都超過標準六倍以上，事前組織得不好，是一個重要因素。我們的答疑，採用個別答疑，集體答疑和指定答疑三種形式。不管那一種，都要求學員事先作好準備，在復習時將問題登記好，交教授會負責答疑的教師，加以整理分析，再根據情況，決定答疑的方式與方法。共同性的問題，採用集體的方式，個別問個別解決，對學習困難的學員則採用指定答疑的方式。答疑的方法，根據問題性質及提問題對象來決定。對中等以上的學員，提出了由於概念上糊塗的問題時，應該着重從基本概念上加以明確，把問題的關鍵和思考途徑指出，其餘讓他自己解決；提出枝節性問題時，應該從復習方法上加以指導；提出創造性問題時，應該加以重視，指點鑽研方向，在不妨礙正常學習的情況下，鼓勵他作進一步的研究。個別學員，有霸佔教員的打算，臨時提問一大堆，影響其他同學的正常質疑，這時就要給予適當的批評，要求他回去整理一下，提出主要問題，並作指定答疑，對學習困難的學員，提出有關基礎知識的問題或乾脆提不出問題時，特別需要教員細心協助。這一類學員，每班大概有十分之一左右，教員在學期開始時，最好大致排定一個指定答疑計劃，每學期舉行三至五次，每次一小時左右，具體日程與意見，由學員事先考慮好，用漫談方式進行。教員從他們的談話中，了解其困難和錯誤所在，首先肯定他們理解正確的一部分，再指出錯誤的部分，並引導他們自己找出正確解決問題的路徑，最後如果有必要，才告訴他們具體的方法。這種親切的談話，可以加強學員的信心，可以幫助解決他們學習上的困難，還可以幫助教師教好以後的課。經驗證明，只要學員有學好的決心，並能及時得到少量助力，學習效果，總會逐步提高的。

（乙）組織有關學習方法的講座和小型座談會　學期開始時，學員作業不多，舉行幾次「如何讀書」，「怎樣有系統的掌握材料力學的知識」，「如何克服學習中的缺點」等的講座，對學員學習，有一定的幫助，學習到一定的階段時，進行階段性的小結

48

指導，幫助學員明確系統和重點；課堂考核後，針對考核中存在的問題，講述材料力學解決問題的關鍵等，有鞏固知識的作用。除了這些講座以外，我們試行過幾次小型座談會，由學員自己討論或報告學習中的經驗和體會。會前有準備，並指定中心發言人，保證把會開好。例如關於「複習一個階段理論課的經驗」；「分析問題的經驗教訓」；讓補考考核作業成績較好的學員，向差的學員報告「如何克服困難的經驗」；組織成績優良學員座談學習心得等等。我們認爲這類的小型座談會。組織得適當，不但可以改進教學，對培養學員獨立工作能力，有不少的幫助。

（丙）與科系及學生社團密切聯系　在搞好工作的前提下，教授會與科系及學生社團保持密切聯系，是做好答疑輔導工作的有力保證。從開學第一天起，教授會、系科、學生社團就一致的一貫的要求學員：在思想上行動上重視「學習的平衡性與系統性」，爭取「當天問題當天解決」。在每次理論課後，及時登記不夠理解的問題，向教授會提出；做好練習課和實驗課的預習；答疑前後，認眞進行思考；按時完成作業；注意腦力勞動的衛生；隨時提出學習中存在的問題，及早取得解決等等。系科和學生社團經常會同授課教員，進行檢查督促，交流經驗教訓，改進教學，努力向蘇聯標準看齊。只有經常注意改正缺點，做好工作，培養學員獨立工作，才有保證。

結　語

學院是造就軍事工程師的菜園，我們的學員，很快就要走上國防前線，將來許多問題，需要他們自己獨立解決，因此「及時而有效地培養學員獨立工作能力」是當前急需做好的工作。在教授會方面，我們下決心不斷地提高自己瞭解學員特徵的能力和建立在熱愛學員的基礎上的關切，對學員眞誠愛護，嚴格要求，勤敏檢查，具體協助，爭取「像園丁培植自己的菜林一樣」。我們也希望全院同志，隨時批評協助。我們體會到：只有在全院同志，一心一德，集體互助共同努力之下，才能把培養學員獨立工作能力的工作做好。在學院當前的情況下，我們完全有條件做好這一工作，我們更應該無條件的來做好這一工作。

（一九五五年二月一日在第三次大會上報告）

关于课堂练习的一些体会（提纲）

档案提要

　　课堂练习是教学过程中辅助讲课的重要方法。通过解答具体习题可以帮助学员加深巩固理论知识，培养学员理论联系实际的独立工作能力。1954年，军事工程学院投影几何教授会在学院第一届教学方法研究会议上作了《关于课堂练习的一些体会》的报告。报告首先明确课前准备工作应包括课堂习题的选择、教案的编写、典型示范题的准备等；其次指出课堂活动应包括典型示范题练习、课堂巡视、讲评、经常提醒做题准确等四个方面；最后指出存在的问题，即如何保证学员能在课堂上完成全部作业，课外作业和课堂练习如何分工及配合等问题。

来源：国防科技大学档案馆馆藏（KW37-Y-WS.W-1954-009-003）

— 8 —

關於課堂練習的一些體會（提綱）

投影幾何教授會

課堂練習是教學過程中輔助講課的重要的和必須的方法，它的目的是通過解答具體習題來加深鞏固學員從聽課中所獲得的理論知識，並使學員學會運用理論知識去解決應用問題。

一、課前的備工作：

（一）課堂練習教學效果的好壞決定於課前準備工作是否充分，課前的充分準備必須包括：選擇目的性明確的練習題，和編寫適用的輔導教案。

（二）選擇練習題必須經過講課和輔導教員集體討論，才能緊密配合講課。練習題目分為必作題和補充題，以照顧程度不同的學員。

（三）課堂練習的三個組成部份：講解典型示範題、指導學員作習題和講評都要在教案中詳細計劃，並訂出時間的分配。

（四）要編寫具體適用並切合實際的教案必須：熟習本課程的內容和教學大綱的要求，與講課教員連繫和了解講授課的上課情況，收集講授課後的學員反映，體會習題討論會的決定，以及參考以前的輔導筆記。

（五）典型示範題，必須切合學員的要求，突破學員的難點，但題目不能過於複雜。

二、課堂活動：

（一）典型示範題的是結合提問進行的，在未提出題目以前，應以提問方式使學員回憶講授的內容和主要結論的理論根據，問題應提得明確，在解題過程中要進行啟發，指出思考方向，應儘量由學員來解決問題，最後由教員來歸納，並說明此次練習的目的。

（二）課堂巡視應有計劃的了解學員以前作業的完成情況、和本次的作業情況、在培養獨立工作的原則下，進行啟發誘導和重點幫助。

（三）講評要簡單扼要的指出普遍性的錯誤，關鍵性的問題，作業應注意的問題和各階段的內容小結。

（四）在課堂練習中要經常提醒作題準確的必要，培養學員對於工作認真負責的精神。

三、存在的一些問題：

（一）如何保證學員能在課堂上完成全部作業，課外作業和課堂練習應如何分工及配合。

（二）學員作練習時，由一個或兩個學員在教員指導下同時進行板演是否有較好的教學效果。

关于课堂讨论的几点认识与体会 （提纲）

档案提要

　　课堂讨论是一种实施课堂集体作业的教学方式。1954 年，军事工程学院合同战术教授会在学院第一届教学方法研究会议上作了《关于课堂讨论的几点认识与体会》的报告。报告首先讲述了课堂讨论的意义与目的，即通过课堂讨论这一先进教学方式促进学员深入领会知识，帮助学员养成研究参考资料的习惯，锻炼其具体分析问题和系统说明问题的能力，扩大科学视野，巩固教学效果，培养学员的独立工作能力；其次阐述课堂讨论准备阶段教员和学员的具体任务；再次指出课堂讨论应按照五个详细步骤进行 2～6 小时的创造性讨论，并对课堂讨论提出了五项指导要求；最后提出课堂讨论的几点初步体会。

　　　　来源：国防科技大学档案馆馆藏（KW37-Y-WS.W-1954-009-003）

— 10 —

關於「『課堂討論』的幾點認識與體會」（提綱）

合同戰術教授會

一、課堂討論的意義與目的：

課堂討論（即西明納爾 Семинар） 是蘇聯先進教學方式中的一種實施課堂集體作業的方式。 這種方式就是當我們進行理論課程的時候， 對教學大綱中的基本和最複雜的問題，在教員講授後，再由教員直接指導學員進行有計劃、有準備、有重點的深入研究討論。目的是使學員能更好的融會和消化講授的內容，總結與加深學員對某一課目的研究與理解程度，並確立一致的認識。這一先進的優良的教學方式，對學員說，通過課堂討論，可以深入的領會與鞏固課堂講授中所獲得的知識；可以促進學員研究參考資料獨立工作習慣的養成與發展；培養學員具體分析問題和系統說明問題的能力；擴大科學視野，使理論與實際更好的結合，並加深與鞏固記憶。對教員來說，通過課堂討論能達到進一步的對學員領會程度的了解，檢查出學員的程度和成績，對檢查改進教學方法提出了有力的根據。

二、課堂討論的準備：

課堂討論區別於也是優越於一般的討論，就是事前有充分的準備。

（一）教員方面：

1.擬定課堂討論實施計劃；

（1）題目；

（2）教學目的；

（3）教學時數；

（4）討論問題；

（5）參考資料；

2.作好課堂討論計劃指導法；

（1）引言；

（2）課堂討論計劃中，研究各問題的時間分配與基本論點；

（3）擬出能以啓發使之積極參加討論某些問題的學員名單；

3.對學員準備的指導與檢查；

4.教授會進行課堂討論的預習討論；

5.必須的圖表、黑板、各色粉筆或模型器材的準備。

（二）學員方面：學員接到課堂討論的計劃，在明確理解討論題題意後，即根據計劃上所指定的參考材料結合着課堂上的聽講筆記，在自修的時間內，去進行準備。具體的準備方法，是把參考材料和筆記經過閱讀、研究、理解、消化，整理而做成自己的發言提綱。

— 11 —

這種準備工作，最好是到應討論課程的專修室中去進行，因那裏能方便的取得教員的指導或答疑與各種有關資料的參考和啓發。

三、課堂討論的實施：

課堂討論爲了學員有充分發言的機會，教員有檢查每人發言提綱及準確掌握討論的可能，一般的人數以20左右（即我院各科之班）爲宜。時間則根據討論題的大小，可進行二至六小時。課堂討論不是測驗考試，而是生動的、有創造性的，同志間不受拘束的學術討論會。

（一）課堂討論的程序：

1.班長集合學員後，向指導教員報告人數及指導教員點名（如指導教員已全部熟悉每個學員則可不點名）檢查每人準備工作；

2.指導教員講｜課堂討論指導法｜中的引言；

3.宣佈討論題討論順序，即開始由學員進行第一題的討論；

4.教員按計劃及實施情況作討論問題的結論，再宣佈一下問題討論的開始；

5.問題討論完了，教員作全「課堂討論」的總結。

（二）課堂討論的指導要求：

1.課堂討論的指導教員，最好即是該班的講課教員；

2.課堂討論，應建立在每個學員高度主動積極研究學術的熱情的基礎上；

3.每個問題的結論，最好能引導學員在發言中實際上已經作出的地步；教員結論要連繫學員的發言來進行；

4.總結課堂討論，是在討論結束後用約十分鐘的時間來進行，一般的總結應提到：

全課堂討論較普遍的優缺點，如準備上，發言內容上，方法上、紀律上等，在這些問題上，可具體的提出典型人員進行說明。但課堂討論總結的重要點，應是教員善於從課堂討論中看出學員學術思想上的基本缺陷或學習態度、學習方法上的主要毛病，加以指示；善於分析總的準備和認識問題的程度；善於指出應當如何認識這些問題的方法。

5.課堂討論是有計劃、有組織、有目的、有重點來進行的，要求實施上必須是正規的、嚴肅認真的。

四、課堂討論的幾點初步體會：

（一）課堂討論是蘇聯的一種先進的教學方式，但又是需要我們充分研究、學習及大力宣傳教育的一種教學方式；

（二）課堂討論必須有很好的聽課和充分的自修準備爲條件；必須有正確的課堂討論實施指導法及經過充分準備的指導教員爲條件；

（三）課堂討論是鍛鍊與考核學員獨立作業的思維能力、綜合能力、集體討論中的分析爭辯能力。

数学教授会关于组织教员业务进修的经验

档案提要

　　教师除了传授知识，还应不断提高政治思想水平、教学能力水平、专业水平、科学素养水平。1955年1月31日，军事工程学院数学教授会主任卢庆骏借鉴苏联专家普希金教授经验，结合自身教学实际，在学院第二届教学方法研究会议第二次大会上作了《数学教授会关于组织教员业务进修的经验》的报告。报告主要内容包括：（1）阐述提高政治思想水平要以普希金教授提出的六项原则作为努力的方向，展开批评与自我批评，集体编写绪论等；（2）阐述提高教学能力水平要钻研苏联教材，学习苏联教学方法和开展教学经验交流，观摩教学；（3）阐述充分备课的意义，介绍练习课前备课的步骤；（4）阐明提高教师的专业及军事素养水平应注重发挥苏联专家的指导作用，发挥有经验教师的力量，组织进修班，进行军事学习和专业学习，组织教师参观实习；（5）就提高科学素养水平的问题提出六项建议。

来源：国防科技大学档案馆馆藏（KW37-Y-WS.W-1955-017-004）

數學教授會關於組織教員業務進修的經驗

數學教授會主任 **盧 慶 畯**

（Ｉ） 引 言

這個問題已經在許多文章上談到過，蘇聯專家普希金教授把業務水平的提高分爲四方面，1.提高政治思想水平；2.提高教學能力的水平；3.提高專業的水平；4.提高科學素養的水平。四方面的提高有着密切的聯系，不可偏廢。

教師不只是把知識傳授給學生就算完事了，新時代的教師是先進思想的傳播者，教師在講課中從頭到尾應貫徹政治思想性，也就是貫徹共產主義思想以及爲實現它而作鬥爭的思想，教師既然負有這樣重要的責任，就應當不斷地提高自己的政治水平。

由於世界科學進步的迅速性，每個教師有責任在他一門的專長裏，傳授給學生最先進的知識，所以應當認爲自己永遠是一個學生，有隨時提高專業水平的必要。本院的教師比普通學校教師的責任更重，因爲本院所培養的不僅是一個普通的而是具有軍事素養的工程師，教師本身自然也要注意軍事知識以及組織性和紀律性的提高。

教師單是精通業務是不夠的，還要有傳授的方法。所謂傳授的方法也是多樣的，隨着對象而變化的，必須精益求精的。教師往往在集體研究教學方法中不斷地豐富了自己的知識，所以不斷地研究教學方法，也是提高業務重要的一環。

一個教師如果沒有科學的實踐（卽進行科學研究），那他就很難獲得提出解決科學問題的經驗和進行理論分析的能力，也就不能更深刻地理解各種科學問題，事實上在教師的教學實踐過程中，常會提出一些科學問題，推動教師去進行研究，教師進行科學研究的結果，也常常反過來豐富了教學內容。

（Ⅱ）如何提高政治思想水平

抓緊時間進行馬列主義毛澤東思想的學習，這是提高的一面；把理論知識貫徹到實踐當中去，這是提高的另一面。教授會如何提高成員的政治思想水平呢？現在分五點來講，當然我們所想的是不全面的。

（1）以普希金教授所提出的六項原則作爲努力的方向。

隨着院政治部總的佈置，理論性的學習和時事政策的學習，教授會經常自己檢查在實施過程中貫徹的程度，普希金教授指出的教授會要把工作做好應具備的六個條件說得具體明確：

（ⅰ）在集體友好的氣氛中進行工作；

（ ii ）在任何工作中必須有高度的紀律性，組織性和計劃性；

（ iii ）每個人對待工作要具有積極性創造性與主動性；

（ iv ）每個人對每件事都要有高度的負責精神；

（ v ）任何工作要具有高度的政治思想性與科學性；

（ vi ）更好地緊密地把理論與實際結合起來。

蘇聯的教師就是爲着這些條件這些原則而鬥爭的，這自然也是我們工作中指導的原則。我們感覺到不只是標明了這六項原則作爲努力的方向就夠了，最重要的是逐步提高教授會成員的思想水平，唯有覺悟提高了才能自覺自願的朝着這個目標前進，另一方面教授會可以拿這六項原則作爲尺度來經常的衡量工作，就會發現到我們的工作離開這些原則很遠，這就促進我們愈感覺到提高政治思想水平的必要性。

（ 2 ）展開批評與自我批評。

教授會成員在逐步提高水平的基礎上，展開批評與自我批評是必要的，思想水平提高了，就能把自己的利益放在一邊以工作搞好爲前提，就會對自己要求很嚴，就會虛心接受別人的意見；同時在各項工作中展開正確的批評和自我批評，也能提高思想上的認識。

（ 3 ）集體的編寫教授會所任各課程的緒論。

在各成員的充分準備下提供材料，專人執筆，經過多番的討論，最後再舉行試講，我們感覺到經過這樣一個過程來仔細的確定緒論內容，對於全會成員的政治水平是可以提高一步的。例如：我們在編寫高等數學緒論的當中大家的收獲是：研究了數學的發展史，對數學建立了辯證唯物的看法，明確了數學發展與生產的關係，認識到我國古代數學的光輝成就， 蘇聯數學的主導作用， 批判了對數學的唯心看法及資產階級科學的危機，並且指出了我國新的社會制度給科學開闢了遠大前途等等。

（ 4 ）經常的在教學準備會上討論講課中如何結合政治思想教育的問題。

教學組織基本條例第二條已經指示我們：應以共產黨的立場來講述課程，堅決揭發資產階級科學底反動本資，凡與馬克思主義相違背的思想表現及庸俗的曲解都必須與之作堅決鬥爭。

一切講授應建立在馬克思列寧主義方法論的原則上，同時還應闡明科學發展的辯證過程。

講授的科學思想應以現代化的科學技術爲基礎並以蘇聯科學技術成就的經驗及新中國的建設經驗爲基礎。

講課應以對人民，對黨、對人民政府無限忠誠及高度愛國主義和國際主義的精神來教育學員。

在講課中結合政治思想性，我們先要肯定同志們是在做了，但是做得是不夠的，有思想顧慮，怕講錯了，同時因爲政治學習和業務沒有經過一番的深思熟慮，把它們聯系起來，所以在談到結合的問題的時候，大多數同志感到很生疏。我們以爲在教學準備會上利用羣衆的智慧集體的來想辦法，每個人說出自己結合的方法再經過大家來囘討論，在會議上把經驗總結起來，依照這種決定大家在講課中去實施，確是一個切實的辦法。

在我們教授會裏每學期都規定了在教學準備會上注意這個問題。但是討論得是非常

22

不夠的。因之得不到一個一般的認識和結論。教學準備會關於結合政治思想的問題指導性不足。有些個別同志如：孫本旺同志、戴遣山同志、汪浩同志，他們作得比較好。尤其是孫本旺同志，在講課中結合政治思想性是在有目的有步驟的去做了。他在工學報上已經談過這個問題，這篇文章啓發性較大，至少初步的解決了在講課中如何開展貫徹政治思想的問題，這篇文章我們教授會準備作進一步的研究。

教學組織基本條例第二條對講課中如何結合政治思想性的要求既然提得那樣的明確，我們如何將那些精神活生生的貫徹到講課當中去呢？我們同意孫本旺同志的提法：一方面我們應以辯證唯物主義的觀點來講授科學以及培養學生的辯證唯物主義的世界觀，同時還要以愛國主義及國際主義的內容來教育學生，以培養學生的愛國主義和國際主義的精神。另一方面，我們又應以科學本身的內容來證實馬克思列寧主義的普遍真理性，讓學生深刻地理解到馬克思列寧主義是「放之四海而皆準」的真理，建立在並且只有建立在辯證唯物主義基礎之上的科學，才是真正的科學。

（5）結合與掌握有關的政治理論性的學習。

在這裏只能說一些我們學習「批判數學中唯心論」的體會，顯然在學習以後是豐富了一些政治理論知識的。

我們從學習中明瞭數學中唯心論的派別，我們以各種不同的姿態出現和唯物論對抗。認識到各派唯心論的一個共同特點就是從片面的來了解事物。誇大的把它發展起來。它們錯誤的根源在於對抽象的數學是由實踐而來的不加注意，他們錯誤的影響是引伸到主觀主義以及僧侶主義，把科學和宗教妥協，爲資產階級所利用。

我們認識到用辯證唯物主義觀點來理解抽象就在於：

（i）看到抽象裏面反映自然而不是「理性主義的創造」；

（ii）看到認識過程的複雜性與多樣性，因此特別是數學的發展也是複雜的多樣的；

（iii）認識到教學的抽象必要性與重要性，同時認識到不能將這些抽象絕對化，不能將它們從現實的起源孤立分離；

（vi）必須注意：不僅看到抽象的實際起源，還要用實踐來檢驗抽象的正確性。將數學面向實踐。

我們在學習中並體會到資產階級科學的危機。各派唯心論的曲解，鞏固了資產階級的階級利益，並且替哲學的和政治的反動勢力服務。

我們認識到馬克思主義是完全合乎客觀事物的規律的。

以上五點是我們所體會到的一些在實際中可以提高政治思想水平的辦法。

（Ⅲ）從教學方法的研究中提高教學能力的水平

現在分四點來談這個問題：

（1）積極的鑽研蘇聯教材。

這是學習蘇聯教學方法的一個主要的環節，我們在採用蘇聯教材時，首先看到內容的豐富和理論性強，而在實際教學過程中又體會到教材的寫法處處設法符合學生的認識過程，有幾次我們在講授中忽視了教材的進行的程序，就引起學生的不夠了解得深刻和

不鞏固的現象，在實際的教學中更體會到教材中的辯證唯物的觀點，例如由氣體的體積和溫度的互相制約引進了函數的概念。從密度壓力，速率引進了導函數的概念；由變力壓力做工；由曲邊梯形的面積引進了定積分等等。這使學生瞭解數學上一切的概念都是由實際需要而產生的。

教本上在形成概念之後，就逐步講清理論，講完理論之後，就又多舉實例來明確理論的應用，這種從實踐引伸到理論，再從理論轉升到實踐的方法，是一個合乎辯證唯物主義的認識過程。

教材上引用了恩格斯的話「笛卡兒的變量是數學的轉折點有了變量數學裏就有運動及辯證法，有了變量不久就有微積分」。這給予我們很大的啓發。

蘇聯的教本內容豐富，理論性強，啓發性大，符合辯證唯物主義的認識過程，我們想：不但數學教本是這樣，別的教本也是一樣的。

（ii）蘇聯教學方法的學習和教學經驗交流會。

前一學期我們也安排了蘇聯教學方法理論性的學習會和教學經驗交流會。但是事前的佈置，沒有使得這些會互相緊密的聯系起來，因之在實際工作中所得到的經驗和教訓不能幫助理論性的學習加深和鞏固，反之理論性的學習也對實際工作的提高，起不到應有的作用。

自從本學期以來我們決定了把這些會緊密的結合起來的方針。所以在學期開始就規定了理論性的學習和教學經驗交流會互相穿插的安排方法，使會議的內容前後照顧，而達到一個理論性學習會能指導着下一個階段的工作，教授會指定專人收集有關實際經驗教訓在各個人充分準備下開一個經驗交流會。

在這個會議上有些問題是明確了，有些問題仍舊是不明確的，明確的問題給大家有一致的認識，而針對着不明確的問題，佈置有關的理論性的學習和加深後一階段的實踐中有關問題的檢查。

在這樣一個反覆的學習和交流經驗中，大家一致認爲理論方面是逐步加深了而實踐方面也有了方向。

我們的缺點是：（i）在收集實踐中資料的時候對於實際教學效果調查較少（ii）比較成熟的經驗沒有嚴格督促執行，而讓各位同志本着自覺自發的去做。

（iii）觀摩教學。

依照普希金教授所指出的觀摩方式有下述兩種：

a）公開教學：組織教師去聽一個教師的課，事前聽課教師並不作準備，只是聽課後，開會提出意見幫助分析問題。

b）示範課：挑選經驗多藝術性高的教師，作示範演講。由担任教師先準備好教案，早在聽課之前即印發給聽課教師，讓他們好好的準備一下再來聽課——這種方式對於年輕的教師是最有幫助的。

無論那一種面式，在聽課之後的分析是很重要的，但這種會不是在剛聽課之後馬上就開的，必須在各聽課教師充分準備後便於在會上發言。

開會的方式大概是先由主講人自己報告如何備課，他自己對這堂課感覺如何？由自己提出優缺點，其次由聽課教師提意見。再其次讓任課教師表示意見最後由教研組長或

24

教授會主任作總結。大家重視會議記錄作爲將來加強實踐的依據。

觀摩以後的分析對教師的教學水平顯然是可以提高的。我們教授會只是有重點的有目的的展開了觀摩。由搜集經驗小組長記下聽課的整個教學過程，只在教學經驗交流會上發表意見，當然是做得不夠的，今後必須改進。

（Ⅳ）充分的備課

充分的準備不但可以提高教學效果，並且對教員教學水平也可以大大的提高，由於我們對講課前的如何備課的經驗還沒有比較深刻的討論過，現在這裏介紹一個我們討論過的關於練習課前備課的步驟：

（a）確定本次練習課的目的要求。

（b）考慮本次練習課的特點——大概分爲三種類型①理論性較強的②計算較多的③理論計算相結合的。

（c）根據目的要求選好習題——選題在教研組上基本統一了，但每一小班仍需考慮班上具體情況慎密的考慮其目的性、思想性、連系性以及估計作業的時間。

（d）充分估計學員在作業中會發生的疑難問題——調查本班情況，了解教學效果，吸取先行班的經驗和教訓。

（e）考慮練習課進行的方式和步驟——劃分階段、習題排隊等以及考慮那種方式能最大限度的發揮學員的獨立工作能力。

（Ⅴ）如何提高教師的專業及軍事素養水平

鑒於全國人才的缺乏，供不應求，以及這個學院日益發展的趨勢，學院領導要着重並有效地解決大力培養師資的問題。我們感到學院較其他學校有其優越的條件：①蘇聯專家的人數較多②有各地調來的有經驗的教師③調來的年青工作者思想水平較高，肯刻苦鑽研完成黨所交給的學習任務。有了這三個條件就是說教的人肯負責的去教，學習的人肯負責的去學，只要領導重視培養人才這個問題並且組織得好，是可以大大發揮潛在力量的。現在分五點來說：

（i）要充分發揮蘇聯專家對於現有師資指導作用。

現在全國各高等學校以我院蘇聯專家最多，他們本着無私的熱忱遠道而來無疑的是願意把他們所學的盡量傳授的。問題在於如何誠心誠意地去學，爲着發揮這些專家更大的作用，可以利用以下三種方式。第一、請蘇聯專家多作學術性的演講；第二、請蘇聯專家講解蘇聯的高等學校教學經驗；第三、請蘇聯專家大力的培養研究生。

（ii）要充分發揮有經驗教師的力量。

教授會的負責人和老教師的經常關心助教的進修，並指導他們進行備課試講批改作業，課堂討論，一直到正式授課。對於助教開課應採取嚴肅負責的態度，現在可能發生的兩種偏向：一是過分謹慎不敢放手的保守態度；二是缺乏應有的準備輕易讓他們開課的不嚴肅態度。正確的方向應當是：不應保守也不應放鬆。在一定準備的基礎上大力支持助教開課教學，學校要及時總結助教培養工作中成功的經驗和失敗的教訓，現在就利

用這個機會把我們教授會助授訓練的情況說一下：

我會進行助教訓練已經有三學期了，在第一學期開始的時候，因為新開課，教學極為緊張，負責人鑒於助教水平很不足，以應付教學上的需要，所以堅持了助教的訓練制度。那時因為估計助教的程度不足，自修的時間無保證，檢查不嚴，所以收效不大。第二學期助教訓練的開展是採取下述方式：

①助教訓練的教材緊密的結合教材；

②負責訓練人的啟發報告和助教的試講穿插着進行；

③在每階段訓練完畢，配合以適當的總結座談會；

④保證了自學時間；

⑤指定業務水平較高的同志幫助別的同志；

⑥檢查教學的效果。

經過這一學期的訓練，助教們對於當時的教材，重積分、線積分、面積分、場論等部份都奠定了理論上的基礎，增強了運算的手段，大家一致認為無論在講課上或在練習課上都心中有數。不怕學員提問較深入的問題了。

這一學期開始教授會更明確了助教訓練的方針，結合教學逐步奠定初步科學研究基礎，訓練分為兩個階段：第一部是福里哀級數和福里哀積分的訓練；第二部是微分方程的訓練。第一部份仍舊緊密的結合教學；第二部教材較深，準備替下一學期展開「微分方程式」研究打下基礎。我們的助教訓練缺點還是不少，有待於逐步的改進，重要缺點有三方面：

①養成助教多看參考資料的習慣很不夠；

②教學方式太呆板；

③發揮獨立工作能力不夠。

（ⅲ）組織進修班為青年教師輔習基礎知識。

在普通大學裏，由於專業的開設而所用蘇聯教材比較深入，必須有足夠的基礎課知識。而解放以前用了歐美書籍，重於計算，理論性不強，因之接不上蘇聯專業教材的需要。所以在普通學校裏，就設了為青年教師補習基礎課程的課。就這個學院而論，這個問題就更顯得特別重要了。因為專業課程的多樣化，人員感覺得如此缺乏，不得不選擇基礎較好的教員或助教去準備開課，因為準備開課的同志，首先就要具備專業課上應有的基礎課程的知識，否則便難以作準備工作，就是說假如基礎知識很低，雖有主觀的努力，也很難完成任務，這可以看到進修基礎知識的重要性了。

（ⅳ）軍事學習和專業學習。

前面已經講過為青年教師補習基礎課程，現在再講教學人員一般學習。按教學條例第八章關於全院在職人員的學習的指示：在職人員除了一般的政治學習外，還有軍事學習和工程技術學習。這種學習對教授會和系科領導幹部來說，它是正確掌握組織與管理教學的一個重要的有效方法，而對教學人員來說則是深刻與全面的掌握本教授會的各種專業課程及其性質相近課程的方法。現在本院有許多普通教授會和專業教授會。我們普通教授會的教師時常感到對專業教授會的知識知道太少，因之對結合專業問題感到生疏。反過來說專業教授會的教師也有時常感到對普通課程的了解不足。我們要求科學研

26

究處首先對這個問題加以籌劃一下，做出切實可行的計劃，使教師得以互相輔益。軍事知識也是一樣的，做一個軍事學校的教師除軍籍人員應有正規的軍事學習外，一般教師有對軍事條例、軍事紀律等等普通知識了解的必要。其進行方式可由我們的協會發動會員，計劃好時間聘請軍事方面的教師對會員上大課。

（ⅴ）利用假期組織教師至軍事部門或生產部門參觀實習。

一般在理論性的學習以後，爲了鞏固和豐富所學，最好到軍事有關部門或生產部門參觀實習。生產部門往往比學院的實驗室來得齊備，生產部門的工程師往往比學院的教師經驗較多。又如高教部在假期中舉行的有關教學方法的研究會議以及請國內專家的演講，學院也應選擇適當的人去學習。教授會應經常的和科學院在學術上取得密切的聯系。總之學院與外界的聯系是應有的，這是另一種提高業務的辦法。

（Ⅵ）提高科學素養水平的問題

展開科學研究工作，可以擴大每個教學人員的知識領域，是提高教學質量的重要保證之一，院黨委曾經提出了關於展開科學研究工作的方針：

「以結合教學爲主，適當的聯系解決國防生產中某些技術問題」

我想本着這個方針各教授會在現有條件的基礎上，解決時間上的矛盾問題，克服設備的困難逐步開展研究工作。

1.批判科學研究與教學工作對立的思想，設備不足不能展開研究的思想，以及認爲科學工作是高不可攀的思想；

2.善於規劃時間，一點一滴的保留下來做研究工作；

3.領導上盡量使教師有展開研究的時間；

4.一面逐步充實設備，一面在現有設備的基礎上，大力展開科學研究工作；

5.注意有計劃的研究；注意集體研究；

6.結合與國防和生產相結合的研究。

條件不足的，可採取由淺入深的辦法。學院中二系第九教授會所擬定的研究計劃如緒論的編寫幾種課程的教本和參考資料的編寫，教學模型的設計和製造等，誠如他們所說的：

教員本身業務水平不高，這就需要以創造性的精神，通過科學研究工作克服工作中的困難，以提高教學質量，保證教學任務的完成。

我想結合他們說的情況這樣做是正確。我們教授會的研究計劃準備分爲兩面：一面就是學習公算教授的做法，另一面就是逐步走向能有科學上創造性的研究。

讓我們大家來逐步展開科學研究工作吧！現在我們還沒有具體的經驗。

（一九五五年一月三十一日在第二次大會上報告）

机械工艺学教授会组织与进行教学实习的经验

档案提要

　　机械工艺学教学实习指的是机械制造过程中的金属切削加工方面的实习，它与讲课、实验、课堂练习一起，构成了机械工艺学教学活动的整个过程。1955 年，军事工程学院机械工艺学教授会主任张凤岗[①]在学院第二届教学方法研究会议上作了《机械工艺学教授会组织与进行教学实习的经验》的报告。报告首先明确了教学实习的目的、要求和方式；其次从四个方面重点分析了做好教学实习工作的关键；再次介绍了实习进行中的组织工作；最后做了五点经验总结。

来源：国防科技大学档案馆馆藏（KW37–Y–WS.W–1955–017–004）

[①]该档案中，张凤冈的"冈"字有误，应为"岗"。

機械工藝學教授會
組織與進行教學實習的經驗

機械工藝學教授會主任 **張鳳岡**

一、 概 述

機械工藝學教學實習是指的機械製造過程中的金屬切削加工方面的實習，它與講課、實驗、課堂練習一起，構成了機械工藝學教學活動的整個過程。

教學實習的目的是使學員獲得金屬切削加工方面的實際知識，爲學員學習機械工藝學及其他課程與進行生產實習打下基礎。要求學員學得金屬切削加工的基本方法，能基本上掌握一般金屬切削機床的操作技能，學會簡單量具及刀具的正確使用，要求學員能在一般機床上、鉗工台上做出簡單的機械零件來。所以實習的內容包括了鉗工、車工、銑工、鉋工、鑽工、磨工和其他工種（如卡工）與加工方法（如自動、半自動機床上的加工）等。總之，要使學員獲得當一個軍事工程師所必需的金屬切削加工方面的知識。

我院的實習，根據系科不同的性質和不同的要求，（如接近機械系的，時間長，要求高）在教學實習的進度上分成32、48、96小時三種。

教學實習進行的方式，可分爲兩種，一種是集中的方式，在講課之前或在講課之後進行；一種是分散的方式（如每週三小時），與講課同時並進。我院是採取集中方式，並在講課之前進行。

二、做好實習工作的關鍵

做好實習工作的關鍵在於做好下面幾個方面的準備工作。

教學實習工作，也跟其他教學工作一樣，有它自己的幾個中心環節，要搞好實習工作就必須抓住這幾個中心環節。

1、搞好實習的教學準備與物資準備工作

教學準備上，要有步驟、有順序，要細緻周到，我們是按照以下步驟進行的：

1）慎重編訂大綱：

大綱是保證教學質量的綱領，編訂大綱，必須有足夠的依據。我們編訂大綱時，是根據五個因素來考慮的：

ⅰ蘇聯大綱：對相同性質系科的蘇聯大綱組織學習，進行綜合分析。

ⅱ教育計劃所規定的總時數。

ⅲ集中實習的特點：根據集中實習的特點，考慮參加實習的總人數和工廠現有設備

72

是否輪換得過來。然後根據總時數，根據該工種（如車工、鉗工）在冷加工中的地位，來確定各工種的時間比重。

ⅳ不同系科的不同要求：不同的系科對實習有不同的要求，大綱要求一樣是不對的。因之編訂大綱時不僅要考慮到總時數的不同，在大綱的內容上、時間比重上也要儘可能照顧到系科的特殊要求。如一系三、四科增加了電氣修配工，在比重上鉗工佔實習時間的 $\frac{1}{3}$，卽16小時。

ⅴ講解與實際操作的適當比重：在編定實習大綱時，要掌握講解與實際操作的適當比重，俾使學員有充裕的時間進行操作。講解時間一般只應佔總時間的 20% 左右。去年暑假實習大綱講解時間比重達 30%，經顧問指出才得到糾正。但在實習進行中，仍有幾部分講解過多，如機床的傳動系統、有關切削理論、螺旋齒輪銑製的計算等。在測驗、抽問中都反映出學員對這些部分概念模糊，但與實際操作結合緊密的講解，學員卻記憶得非常牢固、明確（如加工方法等），這證明實際知識只有在實踐中才能獲得。實習前的講解只能是為了實習操作。這是編定大綱時必須掌握的。

2）慎重地選定工件：

工件是學員的作業題，大綱的要求，要通過工件具體體現出來，因之工件的選定，應滿足下面幾個條件：

ⅰ工件的製造方法要有全面地代表性，也就是要將所使用的各種機床的各種加工方法，各種裝卡方法與各種刀具、量具的使用都包括進去。

ⅱ每個工件必須在一定時間內可以完成，同時工件尺寸不宜太大，以避免浪費材料或時間不夠。

ⅲ為了使學員了解材料性質對切削加工的影響，因之所選擇之工件，應包括各種金屬材料，如鑄鐵、鋼、銅、鋁等。

ⅳ全部工件最好能裝配成一部機械或用具，並且應考慮成品的可利用性。這樣，不但可以提高學員的學習熱情，更重要的是使學員能了解機械製造中，從毛胚到零件，從零件到成品的生產過程，使學員對金屬切削加工獲得全面的、深刻的概念，並體驗公差配合、測量、裝配等工作的重要性。（我們採用的是劃線盤和千斤頂。）

ⅴ要考慮到學員的水平，學員是第一次參加實習，工件形狀不能太複雜，加工精確度、光潔度不宜規定太高。

工件選定的是否適當，對實習的效果起着決定性的作用。選定的工件，要完全合乎以上的要求，並不是容易的事。所以，在選定工件的過程中，必須廣泛的搜集資料，慎重的考慮和反覆的試作。試作的目的是檢驗已選定的工件是否合適，已訂的加工順序是否正確合理，以及估計的工時是否夠用。試作在確定工件佔有重要的地位。試作是重要的教學準備工作。試作必須教員及有經驗的技工共同進行。忽視了試作，就一定會帶來一系列的錯誤。我們教授會在第一次實習準備工作中，由於工件未經試作就主觀片面來決定了工藝卡片，等到試講時發現或在加工順序上或在工時上，或在所用刀具、裝的方法上，或在毛坯尺寸上不合適。後又臨時修正工件，重印一部分工藝卡片，造成了人力、物力上的浪費。

3）根據試作的結果，組織教員、技術員、車間主任和技工代表等深入討論，並經

參加實習人員共同研究，確定加工順序，製訂機械加工工藝卡片。工藝卡片在實習中是基本的指導性的文件；是學員實際操作的規程；是統一教學思想，統一教學步調，保證教學質量的重要依據。在卡片中，除了工件名稱、工時定額外，還必須包括工件簡圖、工作順序、加工方法，包括使用之機床、刀具、夾具、量具以及加工時的走刀量（送進量）、吃刀深度和切削速度等。對工藝卡片的製訂，必須是充分重視和審慎的。我們教授會在第一次擬定卡片時，對它的作用估計不足，沒有給予足夠的重視，沒有經過試作和技工的普遍的討論，因而造成臨時修改，由於修改的不徹底，結果仍是遷就使用，影響教學步調的統一。第二次實習準備中，技工普遍討論了卡片，教授會又根據技工的意見進行了修改，這樣不但卡片合理，而且全體技工都能按卡片去輔導學員，這就統一了進度，統一了步調，同時也保證了教學質量，避免了各搞一套的毛病。

4 ）教材及教具的準備：即根據實習大綱、工件和工藝卡片，分別編寫說明書，繪製工作圖與教學掛圖，以及製備標本板和模型等。需要特別注意的是實習說明書，說明書應與講解和實際操作基本上取得一致，應比講解更廣泛更深入， 要達到既能指導實習，又能鞏固實習中所獲得的知識的目的，要能起到預習和複習的雙重作用。因之，它的內容就不能太深或太淺。

5 ）組織擔任實習的助教做好備課工作。備課的辦法有兩種，一種是分工種備課，一種是全面備課。上期署期由於時間短促，助教業務水平不高，採取了分工種備課和分工種講解的辦法。這一期則採用全面備課，一個人跟一班的辦法。備課的步驟是：

i 寫好所有實習內容（各工種）的教案。

ii 熟悉機床和工件。

iii 組織試講。每工種試講一次或兩次，用以統一教學內容和進度。

iv 訂出實施計劃。計劃包括教室和工作地點的佈置，學員的分組，與系科的聯系，答疑、小結之組織等內容。

6 ）排好學員輪流表、學員編號表、工作地點與學員號碼對照表，確定實習工件排列辦法等，從組織計劃上使實習做到有條不紊。同時製定出實習卡片，卡片內容包括工種、工件名稱、實習結果及技師簽名等項目，並規定卡片使用辦法，使技工掌握，以便很好登記某些事項。

但是實習不是課堂上的活動，主要是生產現場的實際操作，要通過學員的實踐，才能完成教學實習的目的。它像生產一樣，要完善地做好備料工作。特別是集中的實習，需要的毛胚、半成品、刀具、夾具、量具等為數很多，沒有週密的準備就會形成紊亂，這一方面我們是這樣做的：

1 ）儘量提早做好物資準備計劃，最遲要在實習前十天完成以便在準備中發現計劃不足或者錯誤的時候，有時間來修正彌補。

2 ）嚴格檢查準備的物資是否合乎規定 。 在這一工作中要特別注意檢查毛胚的尺寸，因為毛胚尺寸的大小對學員能否按時完成作業影響很大，像鉗工的毛胚尺寸多上1——2公厘，學員就要花不少的時間才能銼掉。因之嚴格控制毛胚尺寸就成為檢查工作中的重點。

3 ）實習所用的工具很多，為了防止紊亂，培養學員好的工作習慣，要製定工具箱

74

，將工具箱編號，在實習前兩三天放到實習地點，保證每一個實習地點有完整的一套設備，並且是極其整齊清潔的。

4）細緻地進行實習所用設備的全面檢修，使實習不會因機床的臨時事故而發生故障。

2、搞好技工訓練，統一教學思想，教學步驟，提高指導方法，貫徹培養學員獨立操作的原則

學員要獲得機械加工的實際知識，只有自己實際操作，離開了自己實際操作是沒有辦法得到的。學員對生產是完全陌生的，只有依靠技工正確的輔導，才能獲得實際技能與實際知識，所以技工是學員獲得實際技能的輔導者。技工的教學方法，教學態度均直接影響教學實習效果，可以說他們是『車間的教員』。

我院工廠的技工，有三分之二是從原來練習團調來的，在實習前三個月還是戰士，有技術的工人也完全沒有輔導學員實習的經驗，同時工廠當時還有繁重的安裝任務，這樣就為實習帶來了很大困難。如何使技工擔負起輔導工作，是一個嚴重的問題。我們遂與工廠的技術人員共同組織技工訓練小組，針對實習的需要，採取專工專業每一個人熟悉一種機床，學會基本操作方法的辦法，以速成突擊的方式，進行了兩個月的訓練，因之基本上擔負了第一次實習的輔導任務。但我們認為技工訓練是長期的工作，需要經常注意。

第一次實習的缺點是：技工沒有了解教學的目的，沒有能夠很好地掌握培養學員獨立操作的原則，採取了或多或少師傅帶徒弟的辦法，存在不同程度的『包辦代替』或『放任不管』的偏向，更嚴重的情況是個別技工甚至把關鍵的地方也代替學員做了，影響教學效果很大。同時大部分技工不會動口只會動手，不曉得教會學員獨立操作的辦法，甚或認為不代替做一點是不能的。有些技工從自己學了好幾年才能獨立操作的經驗出發，不相信學員能獨立操作。因此我們當時向技工提出了『多動嘴，少動手』的口號。同時技工對遵守操作規程有些不習慣，對教授會為什麼這樣訂操作規程不大了解（例如對加工順序的前後問題），所以教學思想上就不統一。因之學員反映教授會和工人各搞一套。本期實習前針對這樣一些情況，向工廠提出了大力組織技工訓練的計劃。訓練的中心目的，是明確教學目的，統一教學思想與步調，貫徹培養學員獨立操作原則。採取的辦法是：

1）組織技工學習與討論實習大綱、工藝卡片與說明書。

2）根據凱洛夫五大教學原則及有關資料，結合第一次實習的『包辦代替』與『放任不管』的偏向，組織了如何培養學員獨立操作能力的報告。

3）採取從羣衆中來，到羣衆中去的辦法，組織了技工輔導方法的經驗介紹。

4）組織技工就所擔負的輔導工作（如指導學員熟悉機床調整、工件操作示範等）進行預演和討論，從而規定和統一熟悉機床與工件示範的內容、方法、步驟和時間。

5）規定每次實習前進行工件的預演和討論，每次實習後進行小結，這就等於『技工試講』。

經過這一系列的措施，技工同志在教學思想、教學方法上都有顯著的進步。學員也

75

再不反映『包辦代替』、『關鍵的地方是技工幹的』了。實習後學員反映：『今後要我在機床上做簡單的零件問題不大』。所以說獨立操作原則的貫徹，不在於學員本身，主要在於技工的培養。只有做好技工訓練和培養工作，才能保證實習中的獨立操作原則的實現。

3、要搞好實習還要使工廠、教授會對教學實習做到明確分工，有機配合

我們根據教學過程組織基本條例第37條的精神，認爲實習的任務是教授會、實習工廠兩個單位的共同任務。如何達到明確分工，有機配合呢？經過一次實習後，我們認爲：

1）工廠的首要任務是實習，其次是生產，生產是在不妨礙實習和實習準備的原則下進行的。工廠也應對教學實習效果負責。工廠要做好物資準備、技工訓練、技工組織等工作。

2）加強計劃性。教授會是教學實習大綱的直接擬訂者與執行者，教學實習又必須通過工廠才能實現，大綱、工件、卡片等編定的好壞、遲早都直接影響教學準備，因之，教授會應審慎周密的擬訂教學施實計劃，經批准後送工廠。工廠根據教學實施計劃，統計所需物資並擬訂物資準備計劃。所有計劃雙方應很好研究，力求準確。

3）實習準備是經常的工作，要經常的進行。因之工廠應把教學實習工作列入每月的計劃中。

4）實習前，成立實習辦公室，辦理有關實習的日常事務。

5）車間辦公室是執行實習任務的基本單位，要使車間辦公室明確擔負起實習的組織、檢查、技工調配等工作。教授會、實習辦公室要通過車間辦公室來實現對技工的領導，反對不通過車間辦公室的現象。第一次實習中，由於教授會一切工作都親自動手，結果做的不好。在第二次實習中，由於吸取了經驗，一切通過車間辦公室，結果車間辦公室的作用發揮了，工作也推行的順利、有秩序。

4、要搞好實習，還要做好學員實習的思想準備與學習方法準備工作。我們的措施是：

1）實習對學員來說是一種生疏的教學方式，在實習中很容易產生不正確的思想，違犯操作規程甚至發生事故。實際情況也證明這一點，如以爲實習是簡單的體力勞動不必用心；鉗工是落後的生產方式，不願意好好去做；機器太複雜，怕受傷，怕弄壞，不敢動手；以及不遵守實習規則，不重視操作規程，粗枝大葉，亂弄機器等。這一切錯誤的思想和行動，都會導致事故的發生和實習效果的降低。我們通過系科行政領導在實習前的動員等方法，端正學員對體力勞動和對實習的認識，使其樹立正確的學習態度。

2）事先發給學員實習規則及安全注意事項等，並請系科事先組織安全教育，提高學員的警惕性。

3）要求系科適當的組織已實習的學員進行實習經驗介紹。

4）利用工學報、實習前的說明、小結，從思想上、方法上貫徹獨立操作的原則，

76

克服『粗心大葉』和『畏首畏尾』兩種妨礙實習效果的偏向。

總的說來，上述四個工作做得好，實習一定能搞得好。這是我們在組織教學實習中主要的經驗。下面談談實習進行中的工作。

三、實習進行中的組織工作

實習進行中的組織工作，可分下面三點：

1、安排好實習進行的步驟

實習的全部教學過程，包括四個內容，即說明、獨立操作、特種機床表演及測驗。

說明在開始實習的第一節課進行，內容包括實習的目的和要求，實習的內容與方法以及實習的安全和應遵守的規則等。通過說明要使學員明確實習的目的性，了解對實習應抱的態度，樹立熱愛勞動的思想，還要使學員知道怎樣去進行實習。

操作一般都以教學班來分組，每組由指導的助教帶領進入車間，先對卽將操作的機床作五分鐘的參觀，使學員對機床的外貌和運轉有一概念。隨卽進入教室聽助教對該工種的講解，時間規定為該工種實習總時數的20%左右；內容包括該工種的工作範圍，機床簡要構造，使用的工具，實習的工件，操作方法以及安全注意事項，以給予學員進行實習的必要知識。講解完畢，卽到所規定的工作地點，先熟悉機床的調整，然後由技工作示範操作。經過參觀、講解、熟悉機床調整和技工的示範，學員一般卽可獨立進行實習按時完成作業。

特種機床的操作表演，是為了擴大學員對機械製造方面的知識領域。內容有自動的車床，半自動的齒輪加工機床，以及高速切削、強力切削等先進的加工方法等。學員對每種表演觀摩的時間是15——30分鐘。表演安排在學員已實習了普通機床之後，以助教講解和技工操作相結合的方式進行。

測驗採取口試的辦法，由教授會根據大綱擬出題目，在實習的最後兩小時內進行。

應再加以說明的，在整個進行中，我們還有意識地佈置某些內容並引起學員的注意，這些內容往往是將來學習機械工藝學理論課程中的重點和難點，例如銑床差動計數法和銑螺旋槽時的掛輪安裝問題，以及車床的靠模加工問題等。

2、實習進行中要做好指導實習的助教與技工的分工

1）指導實習的助教的工作：

I講解：給予學必要的理論知識，這些理論知識應限於為實習所必須的。

II實習中的組織、檢查：組織學員、技工的工作，檢查學員、技工的學習、工作情況。

III進行學員實習中的答疑與每一天實習的小結。

IV處理偶發事故。

V根據學員作業，主持學員實習測驗。

2）技工的工作：

i指導學員熟悉機床調整。

II進行工作的示範。

Ⅲ 強有力的輔導學員獨立操作。

Ⅳ）做好實習地點的佈置、準備，保證技術安全。

3、工廠和車間的黨團配合工作

這裏包括黨在實習中的領導工作、宣傳教育工作，積極分子的帶頭作用，以及批評表揚及時糾正偏向等工作。

有了比較合理的步驟，有了技工、助教的明確分工，有了黨團的配合，一般說實習的進行會是正常的，但在實習進行中應注意下面四點：

1）注意在實習中的思想教育：

Ⅰ 愛國主義和國際主義教育。我們在實習中指出那些機床是祖國那些機床廠根據蘇聯最新型圖紙製造的。

Ⅱ 熱愛勞動，團結工人。如下工時整理工具，打掃機床甚至工作地點。

Ⅲ 有時我們指出機床的價格，一方面使學員心中有數，一方面引起他們對機床的重視和愛護。

2）貫徹在技工指導下學員獨立操作的原則：只有學員親自動手，自己完成作品，學習的效果才會好，對機床的操作和認識才會清楚，才有可能獲得金屬切削加工的實際知識。因此在實習進行中，一方面絕不允許技工『包辦代替』，也不允許『放任不管』，另一方面要教導學員主動積極的去工作。

3）保證技術安全：除了加強必要的安全設備，製訂操作安全規則外，並利用廣播器在休息時間不斷對學員進行安全教育，同時教學人員隨時注意學員的動作，及時提出學員可能發生事故的地方，要求在實習中做到人物兩安全。

4）要及時發現問題、解決問題：集中方式的實習，時間只有幾天，很快就過去了，有問題有缺點不能及時發現，或發現了不能及時解決，必然會使實習的效果降低。在這一個問題上，需要系科領導、工廠、教授會三方面有機配合，主動的交換意見、交換情況，及時解決問題。任何一方面的被動或者消極都會給教學實習帶來不良的影響。

四、簡短的總結

最後簡短的總結幾點：

1．必須加強政治思想教育、安全教育，發揮集體力量。

2．實習的目的是為了學員獲得實際知識，而實際知識必須在實際操作中才能獲得，因之，講解時間的比重應儘量減少，講解的目的，應該僅是為了實習。

3．準備工作是決定實習效果的關鍵，必須做好教學準備、物資準備、技工訓練、學員思想準備等四方面的工作。

4．強有力的輔導和不折不扣的貫徹獨立操作的原則是保證學員獲得實際知識的關鍵。

5．實習必須為專業服務，為理論課程服務。

合同战术野营教育经验

档案提要

1955 年 2 月 2 日，军事工程学院合同战术教授会主任陈俊在学院第二届教学方法研究会议第二分组会上作了《合同战术野营教育经验》的报告，报告分为野营教育的意义、准备与实施三个方面。陈俊认为合同战术教授会在培养学员应有的战术素养与军人教养上责任重大，强调野营教育阶段是完成合同战术教学的重要阶段，同时指出野营教育对于学院毫无军事实际体验的知识青年学员来说，具有特殊重要的意义。野营前的充分准备工作是保证野营教育顺利实施的重要手段，包括选择野营地区及测绘地图、编写想定及作业指导法、教学方法准备、各项保证工作、制定野营工作计划及学员准备工作。针对野营教育的实施，陈俊总结了六条经验：掌握近似实战、理论结合实际的原则；不断研究改进教学方法；严格纪律贯彻条令；严密教学检查；及时总结经验；学习苏联先进经验。

来源：国防科技大学档案馆馆藏（KW37-Y-WS.W-1955-017-004）

合同戰術野營教育經驗

合同戰術教授會主任　**陳　俊**

前　言

同志們！我代表合同戰術教授會所報告的題目是「合同戰術野營教育經驗」。我深深感到在這樣全院的隆重的教學方法研究會議上來報告這樣的問題是具有重大意義的。毛主席在我院開學訓詞中指出：「爲了建設現代化的國防，我們的陸軍、空軍和海軍都必須有充分的機械化的裝備和設備，這一切都不能離開複雜的專門的技術。今天我們迫切需要的就是要有大批能夠掌握和駕馭技術的人，並使我們的技術能夠得到不斷的改善和進步。軍事工程學院的創辦，其目的就是爲了解決這個迫切而光榮的任務。」上一段話毛主席已明確指出：我們的目的是要爲我們陸、海、空軍現代化的國防軍隊訓練與培養出能掌握現代軍事工程技術的幹部——軍事工程師。學員不僅要掌握技術而且還要是了解軍事的軍官。我們訓練的不是一般的工程師，而是軍事工程師。這裏就不僅說明了學員學習軍事技術的重要，而且還說明了學員要好好地學習現代化戰鬥、戰役原則，各兵種的組織，裝備及其發展前景的重要。因爲在軍隊中爲軍事服務就必須懂得戰術。院長在開學致詞中也強調地提出：「現在全軍正在進行統一的正規訓練，開始了我軍由初級階段過渡到高級階段的偉大歷史變轉。必須加強正規化的軍事訓練，正確地執行各種條令，鞏固和提高軍隊的紀律，以加強組織性、紀律性、計劃性、準確性，反對游擊習氣與無組織無紀律的現象；同時不斷提高軍事素養，充實戰術知識，使技術與戰術緊密結合，適應戰術的要求，更加發揮技術的威力。」

合同戰術教授會在對學員進行軍事訓練與培養，並使學員具有應有的戰術素養與軍人教養上的責任是重大的。正如我們合同戰術教學大綱第一項教學目的中所寫的那樣。完成這個戰術教學任務的重要階段是野營教育階段，因爲它可以使我們更全面地解決這些問題，同時，野營教育又是需要全院許多同志更直接地參加工作的特殊的近似實戰的教育階段，這就具體地說明了這樣一個題目的報告是具有重大的現實意義。當然，野營對我們是新鮮的問題。我們的初步的點滴經驗，也是在全力學習蘇聯先進經驗中 得 來的，是在顧問同志熱誠無私的幫助下得來的。下面，我分三個問題來說明我的報告：

（一）野營教育的意義；

（二）野營教育的準備；

（三）野營教育的實施。

（一）野營教育的意義

野營教育是戰術教育中最重要的，也是最複雜的一個階段。其目的在鞏固學員冬季

80

理論教育知識——卽課堂教學知識，在最近似實戰條件下學習新的想定作業，達到進一步將理論知識正確、靈活而有創造性地運用於實際。同時在野營戰術作業與野營生活的教養下，培養學員英勇、堅決、主動、靈活、堅忍、責任感、健強體格等最重要的戰鬥素質。對我們學院這些毫無軍事實際體驗的知識青年學員說，野營教育更有其特殊重要的意義。

去年野營戰術教育的收穫是很大的。在學員原有軍事水平極差，冬季課堂理論教育內容大部學員複習不夠，且有部份學員對戰術教育的重要性認識不足的情況下，初進入野營的情況是不夠好的。如不知如何現地戰術作業，怕當演習軍官，討論問題不熱烈，出列作業：無軍官風度、文質彬彬、不會運用軍語，無敵情觀念，不會從地圖上對照現地，原則不熟，甚至對戰鬥組織準備與實施過程也不清楚，但經過野營教育與教養的結果，成績是大大提高了。504 名學員考試成績是：優等57名佔 11.3%， 上等193 名佔38.8%，中等238名佔46.8%，不及格的18名佔3.6%（補考後已及格），基本上達到了教學大綱的要求。學員們普遍地系統地並進一步深刻了解了教學大綱中所規定的戰術理論知識，進一步認識了軍事工程師學習戰術的重要，初步理解到戰術與軍事工程技術的緊密關係及技術為戰術服務的實際意義；作業中使他們更實際地體會到現代戰爭的特點與對我們的迫切要求，使他們較深刻地認識到各兵種合同作戰的有機結合狀態；也使他們初步認識到戰術、軍事科學的深遠的馬列主義的基礎，進一步明確到敵我戰術的本 質 區別。同時，野營實際教育教養的結果，提高了學員政治覺悟與戰鬥素質。從加深理解我軍戰術的優越性而更加強了作為人民戰士的光榮感與必勝信念；從受到我人民解放軍及蘇聯紅軍光榮傳統作風實例的教養而逐步培養與堅強了戰鬥素質；從初步野營生活的體驗中，開始培養了野營生活的習慣與興趣。

去年野營教育的經驗證明：野營教育階段確是我院教學過程的重要階段，其經驗教訓如能加以充分的吸收與創造性地運用到今後野營教育中去，則我們將能勝利地完成合同戰術教學的任務。

（二）野營教育的準備

經驗證明，保證野營教育順利實施的重要手段，就是野營前的充分準備工作。我們無野營教育經驗與基礎，準備工作更當提早進行。關於這些問題我下面分六點來談：

1.選擇野營地區及測繪地圖　去年教授會是在一月份卽開始選擇野營場地的。在教養兼顧及交通、衞生、保密等全面條件要求下，哈爾濱附近是很難得到滿意場地的。但由於院領導及顧問同志的重視與親自勘查，所以能在二月份就當前可能條件下決定了較適合的野營場地——香坊南郊。今年野營場地是在去年十月教授會組織偵察組在哈爾濱附近四條鐵路線反覆偵察近一個月，最後由院首長及顧問同志親自勘查決定的（蔡家溝附近）。選定野營地區是野營準備的先決條件，是全院性的重大事件。院決定地區後，教授會及有關部門才能展開一系列的工作準備，不然，教授會及各部門則無從下手。今年野營地還未最後經軍委批准。這是卽應辦理的急事。

測繪地圖本不是教授會應進行的準備工作，但由於無適合野營地區戰術作業地圖（有十萬分一老的不準確的圖，無二萬五或五萬分一的圖），軍委及院中不能及時解決教

員與學員用圖的困難，教授會的教員只得在零下天氣於野外突擊測圖工作。因去年野營戰術作業課目僅營的攻防戰術，地形不大，兩版圖於四月中旬完成。據通知，軍委總參已肯定近幾年東北區內地只有十萬分一地圖，而無其他適合我院戰術作業所需比例尺用圖，且經驗證明教育中戰術作業用圖所要求的精度往往是過去一般不甚精確的老圖所不能滿足的。今年野營區地圖也是在去年十一、二月份教授會組織教員測繪的，寬度與精度仍未達到應有的要求。經驗證明，戰術作業地圖準備問題是還有待我院妥善解決的重要問題。因為這是大大影響教授會工作與教學質量的一個較大問題。

2.**編寫想定及作業指導法**　根據野營地形，教授會編寫完成教學大綱要求具有高度思想理論水平的戰術作業想定與作業指導法是艱巨而細密的工作，並且需要反覆研究修正及較長時期的工作。教授會去年二月開始編寫野營步兵營攻防戰術作業的想定和作業指導法，幾經集體討論才完成初稿，油印後再細密討論、審查、修正（同時徵求各級領導同志意見），最後呈院批准付印。從主觀說，對此準備是嚴肅認眞與努力的，所編想定及指導法也比較完整正確與完成了教學任務。但我們去年的想定仍存有毛病，如決定營進攻地形時，思想上只注意了如何保障我軍的行動，而如何使地形對敵人的行動也有利則注意不夠。經驗證明，作業想定在研究防禦時應選它旣便於我們在有利的地區內組織防禦，同時也便於敵人實施進攻；在研究進攻問題時，必須使地形對敵人防禦有利，並具有對進攻造成困難的嚴重障礙。只有這樣，才能保證發揮學員的堅忍、頑強、積極、主動的戰鬥素質，今年野營中，營、團、師作業想定與指導法，現已完成初稿，但細密審查還需要我們很大的努力。

3.**教學方法準備**　去年的經驗證明，保證野營教育良好效果的非常重要的問題就是全體教員同志的教學方法的水平提高的問題。這一準備工作必須具體的、經常的和有目的性的。野營教育對教授會是嶄新的問題。冬季室內課堂教學的方法，在野外已不能都適用。在野營教育階段中教育學員要困難、複雜得多。因為，地形的各種各樣的性質，天候、時間、按近實戰的情況，以及體力的緊張程度等條件，都要求特別詳細地組織，準備與進行戰術作業，要求教員要創造性地選擇進行教育的教學方法。教授會是怎樣的準備教學工作呢？主要是從四個問題着手：

А、沙盤通案：教授會教員同志們的水平與專長是不一致的。在較有修養的教員完成野營作業想定及指導法初稿後，教授會四月卽組織了全體野營任課教員來集體研究審查教案。這種審查討論教案的工作，實際上也同是教學方法的準備工作。因為這是在每個教員有了準備，有組織、有領導共同在沙盤上嚴肅細緻的逐項研究的。去年營攻、防兩教案（約八萬字）我們集體審查討論了兩週。從討論與結論中充實與提高了每個教員的教學能力；

Б、現地試講評教：為着確實地提高教學質量，熟悉地掌握野外現地地形，統一教學方法，教授會於五月在野營現地完全按學員將要進行的實際要求進行兩週試講評教。由寫案教員或較有素養的教員主持作業，全體教員為學員，按眞實學員教學時間及內容指導作業。作業完一課目大家討論，主任作總結，使每個作業的重點、各問題時間分配、具體指導方法、某些學術問題爭論等最後都得到統一與明確。教授會每個野營任課的教員無論如何都要先學員到野營現地去試教或聽試教過每個野營的課目，是我們肯定

82

的經驗。因為只有這樣才能直接在現地實際地解決一系列的野營教育階段戰術課題的基本問題；

B、鑽研條令理論：提高教員教學方法的工作，不能只是就方法研究方法能解決問題的。提高教學方法和技巧的最重要的條件是要求教員勤懇地學習條令，學習理論原則，掌握戰術思想精神。透澈地理解條令達到能創造性地運用各種條令的規定，教學方法將能是具有高度思想性有目的性的優良方法。教授會去年準備野營教學時對這一基本問題在每個教員中強調不夠（只強調了寫案教員大力學條令），後來近野營期野營中才逐步轉變，這也是去年野營教育中合同戰術思想性還不夠強的原因；

Γ、研究學員情況：準備野營教學方法必須充分調查研究學員在室內學習戰術的情況，研究冬季教育的總結。由於各系學員的專業不同，領導教育指導不同等，野營前的戰術基礎與學習態度是有差別的，各班學戰術的熱情與思想障礙是不同的，這就要求準備實施方法時要考慮學員情況與特徵，在共用的作業指導法中要準備具體應用的適當靈活性。

4.**各項保證工作**　準備野營行政、政治及物質保障工作是達到野營教育預期目的的重要工作。因為這些工作既是保證又是實際的教育與教養的內容。教授會要想完滿地完成教學任務，必須在保證工作準備中積極的提出合理的建議。去年野營的行政、政治及物質保證工作是良好的。但從我們教授會的角度看，覺得準備時間上有些過遲，致使營區建設、思想動員準備、物質充分保障等有些不足之處，思想上理解「在近似實戰情況下教育學員」的原則開始也有偏差，以為「近似實戰」準備工作就可以「因陋就簡」，對營區就缺少應有的建設。如辦公室與寢室不分，衛生打掃差，無食堂、洗臉台、淋浴設備，無俱樂部，無領袖像及標語，教員房子住得擠，沒準備入營典禮等，在認真學習蘇聯先進經驗後，才改進了這些工作。我們覺得這是今後作準備工作值得吸收的一點教訓。特別今年野營將是在行政管理、物質保障條件比去年困難複雜得多的情況下進行，野營行政、政治及物質準備將是較繁重而又新穎的工作，需要及早研究準備。因野營時間短而課目緊，學習需要從第一天起就準確地進入正規學習，遲準備必將會影響教學。

5.**制定野營工作計劃**　保證野營順利實施的另一個重要條件是野營前制訂經過細密研究的正確的野營工作計劃。去年我們教授會野營前因估計到野營期教學工作過於緊張的情況，幾乎經常各個教員每天都有四小時到八小時的課，另加答疑、輔導等工作，課外的工作計劃似乎是難訂了，便違反常例的不訂野營期具體工作計劃，而只擬了幾條工作要點，認為具體的課表即代替了工作計劃，以為如此將可以在緊張情況下靈活地進行工作。經驗證明，我們的做法是錯誤的。越是野營期緊張繁忙時期更應預先制訂細密具體的工作計劃。課越緊，事也越多，上課不是野營期教員的唯一工作，為了上好課，準備、研究及改進教學的工作還很多，必須有預見的擬訂教授會的工作計劃及各教員的工作計劃，而且教授會的工作計劃必須大家討論通過，教員的個人工作計劃必須經教授會主任批准。

6.**學員準備工作**　野營教育準備不僅僅只是教員及工作人員的重要工作，學員也應事先作充分的準備工作。學員要在野營前有計劃地複習冬季室內所學習過的戰術理論課

程，從積極主動的自學研究與答疑中解決課中的所有疑難，熟悉掌握必需的基本原則知識，以備野營現地戰術作業時具體靈活地應用。去年野營前學員準備課程理論原則是極差的，甚至大部份學員根本無準備，以致進行野營作業困難重重。如選擇主要突擊方向不知道原則根據，配屬坦克、砲兵因不熟悉性能不能正確配備使用，研究進攻部署想不起敵軍戰術特點，需要圖上標記忘了軍隊標號等，這樣便不能學好野營作業。靠野營中臨時加班突擊是很難收到應有效果的。因野營中新的想定與情況已強度地迫使每個學員處於緊張繁忙的境地，專門重溫舊課已很難爲力。完成野營課程作業的必需知識，主要的就是冬季室內教學的知識。經驗證明，只有學員野營前作了課程的複習準備，野營作業中才能正常地收到應有的效果。另外，學員思想上充分認識野營的意義與要求，知道野營中的紀律生活概況，決心在野營中好好學習鍛鍊的態度，也是重要的。這些都需要系科領導及黨、團事先作充分的教育保證。

（三）野營教育的實施

去年野營教育實施中的一些初步經驗也是值得今後野營教育參考應用的。我們應進一步研究這些經驗。我同樣提出六個問題談談：

1.掌握近似實戰、理論結合實際的原則　去年野營經驗證明，要想達到野營教育的預期目的，必須使野營教育在盡量接近實戰條件下進行，充分地利用實際地形及有意義的戰例來完成戰術想定。一切戰術作業都一定要教育學員像在與真實敵人組織、準備實施戰鬥，使學員處於經常緊張的情況下，使學員動作要像真實戰鬥中一樣，以此來完成作業目的所規定的各種作業要求。

近似實戰要求當然不是說一定要真槍真砲實際打仗，因爲我們是現地戰術作業而不是實戰或實兵演習。但作業中盡可能的近似實戰是戰術教育的鐵的原則。我們舉些例：

甲.作業中出補充情況的方法：教員是可以用教員身份提出的，但如盡量少用教員身份出現而用作業情況中的上級指示、下級報告、友鄰通報的身份提出情況，則作業氣氛卽較近似實戰。教員提出情況，不應當都是完整無遺的，實戰中也很難明確戰場上極複雜的情況，許多情況要求學員自己作出正確的判斷補充，這也是近似實戰原則所要求的。

乙.定下決心的方法：我們有個別教員有時向學員提出較複雜的情況後，爲了讓學員判斷情況定下決心有思考時間，而叫大家解散休息，休息後再讓大家來宣佈自己的決心，這是違背近似實戰原則的。因戰鬥中越是困難複雜的情況，越要求指揮員專心冷靜的獨立思考，越需要緊張勇敢、迅速，負責的定下決心。鬆弛的休息或私自交談的結果，每個學員的決心可能已不真真是自己的決心，或失去戰機的決心了，這不能達到近似實戰地教育與鍛鍊學員。

丙.下達處置命令時，受令者應有實際人員存在，不能只讓一人空口說白話。如演習營長下達戰鬥處置命令而有連長實際存在，則營長處置就必須具體明確，不然連長要提問或有意見。這樣才能近似實戰的鍛鍊營長的機智、魄力與軍語、風度等素質。

丁.作業轉移地點，卽演習情況中轉移指揮所或觀察所問題。好的教員是在提出必須轉移的戰鬥情況後轉移的，將學員思想隨時處於實戰情況中。但我們有的教員則草率簡化地對待這一問題。簡單說：「現在我們在此地作業完了，班長將大家帶到那裏去。」

84

這即是違背近似實戰的例子。

其他如戰鬥保障的各種情況、偵察、警戒、防空、防毒等，教員提出的身份、時機、明確程度都是要深思熟慮的，使情況近似實戰，使情況生動活潑。總之，將學員思想隨時引導入真實戰鬥景況中，戰術作業才達到近似實戰的程度。

理論結合實際是一切教學的基本原則，而野營戰術作業則更具有頭等重要的意義。在教案中理論緊緊結合作業地形的基礎上，作業時必須要充分地結合與運用實際地形。教員必須教育學員判斷地形、熟悉地形並從實際地形上提出訓練問題與解決問題。地圖只能用於判斷方位與實地對照，及現地目力所不能看到的地方。在野外作業如是過分依靠地圖或脫離現地實際的教條地背誦原則，則失去野營現地作業的意義。去年野營初期，我們教員學員都有過分地依靠地圖忽略現地的毛病。甚至有的學員作業幾小時後還具體指不出現地的敵我前沿的嚴重現象（圖上已畫，嘴上已說），後來在強制教員首先爛熟實際地形的前提下，要求學員「從現地出發」的口號，才能逐步地實現。學員反映：「只有從實地出發地研究戰術，才使我初步地理解到戰術理論的原則性與靈活性。」

理論結合實際的另一重要內容是廣泛地利用我軍及蘇軍的各種戰例，戰例的引用可以使教員教會學員創造性地將條令的各種規定運用到各種不同的戰鬥情況中去；可以使學員生動地受到我軍及蘇軍高貴戰鬥品質的感召；可以培養學員忠於祖國，忠於共產主義事業及英勇、堅決、主動、靈活、艱苦奮鬥等一切高尚的戰鬥品質；可以喚發學員的學習精力與熱情。經驗證明，哪個教員較能引用戰例則教學較受學員歡迎，其教學效果也較好。但我們教授會由於原有基礎差及研究我軍與蘇軍的實例經驗不夠，教學中這一要求是作得很差的。改進這一情況將需要我們艱苦的持久的努力。

2.不斷研究改進教學方法 經驗證明，野營實施中及時地從各個教學班實際效果出發，不斷地研究與改進教學方法，不滿足於預先的成文的已有準備，是掌握教學方法實事求是的態度。因為我們原有的準備（作業指導法）是缺少親自實踐經驗的一般性的東西，運用到下同性質系科學員的具體作業指導中，便產生新的情況與不同的具體問題。如開始我們估計學員獨立作業能力低，強調了教員要耐心地輔導其課外自學，作業中着重了啟發誘導。這在毫無野營作業知識初次作業的一、二次中確也必要。但兩三天作業後如仍然是如此，則將嚴重地影響到學員獨立作業的積極性與成績。再如一系五科比其他科戰術作業成績要好而快，這是因為他們在戰術作業前先學了營防禦築城課及其他優越條件，對他們的教學方法就不全適合於一系的其他各科。五系一、二科不同於三、四科，營防禦不同於營進攻，先幾次不同於後幾次，甚至上午作業不同於下午，同時各班準備考試的程度又直接影響到作業的質量，所以，野營作業指導方法是在基本原則範圍內及時不斷地研究改進着。我們有的教員同志對這點認識不足，常造成在這班受歡迎而任另班不滿意的情況，這是教學方法上的墨守成規，是生動的野營作業的人為障礙。我們去年野營中幾乎是一天或兩天交換研究一次教學方法的。當然研究及改進教學方法時，是不應當為不正確的偏見、支節現象所迷惑的，任何一點作為，都必須理解到其真實的意義。

在改進教學方法中作好每個訓練問題的小結與每次課的講評是中心問題之一。教員

85

　　在準備對學員的作業進行講評時，一分析到學員對訓練問題掌握的程度，就會了解到在組織與實施作業的方法上的優缺點，就看出自己教育和培養學員的教學方法的質量和效果。教員在考慮總結、講評時，可以在作業的組織和準備上、時間分配上，以及在戰例的選擇上，對自己作出結論。根據這些，教員可以確定將來在其他班系進行作業時，作業的組織、準備及實施方法必須作哪些修改。講評要緊緊地結合學員的作業發言，不應當是機械的背誦教案的講評原案。教員講評必須使學員確信他們所學的材料中沒有次要的細節，都是戰鬥中所必需的。去年野營學員反映，不好的講評使他們糊塗，只有好的講評才能使他們明確自己的缺點並能得到改進與提高。

　　3.嚴格紀律貫徹條令　野營教育時期中，有關提高學員戰術教育的各項工作，都必須在進一步提高政治自覺性、組織性、紀律性及遵守各種制度的基礎上來進行。特別是嚴格的軍紀對教育與培養學員是有巨大意義的。沒有嚴肅的軍紀，教育與培養學員的成績是不可想像的。為此，必須嚴格地要求學員遵守各種條令的規定、首長的命令和號令。野營區學員宿舍的性質、內務、休息時間、內部勤務、技術兵器及器材的保管，秘密文件及日用文件的使用與保管等，都與平日情況有所改變。所有這些，行政指揮上都必須估計到，並預作教育安排及隨時掌握教養，使學員從進入野營的第一天起就正規地準確地按新規定要求進入學習；但同時全體教員要為此貫徹條令加強教養而認真的負責，首先是教員本身的模範行動與教學中對學員嚴格無顧忌的徹底要求。教授會去年野營中在教育學員貫徹條令上是有成績的，但距應有程度還差得遠，尤其是個別教員本身的游擊習氣與對學員的遷就思想還濃厚的存在，少數教員的只管學術不管紀律的錯誤態度都大大地影響了教學的質量。

　　4.嚴密教學檢查　野營教育計劃及工作計劃的勝利完成，在很大成分上取決於嚴密的檢查計劃的執行和檢查中及時的具體的幫助。首先我們要使每個教員同志清楚地將學員戰術教育計劃看成為國家任務。準確地完成學員野營期戰術教育計劃，就是嚴格地遵守國家的紀律、黨的紀律和軍隊的紀律，思想上作到高度的熱情與自覺。檢查必須是有計劃的，嚴格準確的，並當場給教員以具體的幫助。檢查教學應當從頭到尾地深入地了解作業的內容和組織情況，必須是及時地幫助發現和克服教育學員中的缺點，給予防止產生這些缺點的方法。野營期教育是短促而緊張的，在教學檢查中，及時地指出缺點與及時交流推廣每個教員的點滴先進經驗是教授會領導的中心責任。去年野營期由於教員少，教授會主任親自教課較多，對教學檢查的重要性估計不足，原訂檢查計劃不週到，故檢查雖然進行了，而是無計劃，少準備，不全面，不深刻，不嚴格的，影響了全體教員教學方法的改進與教學質量的提高。經驗證明，緊張短促而以戰術教育為中心的野營期間，教授會領導應集中全力於教學組織領導方面，親自教學一般地只能分排在室內教育時期。

　　5.及時總結經驗　野營教育是正規軍事教育的重要方式，是我院專業課程和戰術教育在教學過程中的有機組成部分，是我院教育與教養學員成為軍事工程師的重要階段。但我們對此重要教育方式是十分缺乏經驗與知識，我們應當重視點滴經驗的總結工作。經驗證明，及時總結野營教育點滴經驗對提高教員教學方法水平與學員學習收效是有重大意義的。野營經驗總結工作應是從第一天進入野營起就開始作，專人每日登記教學有

86

關材料，登記教學實施情況與反映， 登記教學方法的改進與收穫， 登記教學檢查及講評。當然登記不是只爲了登記。 而是爲了及時研究總結經驗而改進工作。 幾天一次研究，小結，一個課目結束一小結，一個教學班結束一小結（特別是先頭班）。這樣，那怕小結是不全面的，但對及時改進工作與最後野營完的全面總結具有重大作用。野營正式教學時間是以每日八小時爲標準的，是戰鬥的姿態，要求我們工作作風上應有近似戰鬥的作爲。看到問題就研究，發現缺點就改正，時間上不允許拖拉等待。野營完教授會就野營現地實事求是的作野營教育工作總結是我們去年沒有作而今後應當這樣作的重要經驗。因爲現地總結涉及想定教案問題從而具體課目、教學方法等問題都可以就現地實際中明確的得到解決。正如我們過去戰後在實際戰場上總結戰鬥經驗一樣，是結合實戰要求教育部隊的典範。我們戰術野營作業的總結也應當如此。

6.學習蘇聯先進經驗　從經驗中證明，必須虛心入微地學習蘇聯的一切先進經驗，我們野營教育的效果才有可能達到預期的目的。從野營教育的組織領導、營地選定及設備，課目配當，指導原則，各項保證，教學方法，工作計劃，作息時間，直到每個人員的生活秩序，舉止儀容等對我們都是新問題。任任何一點上如果忽視蘇聯先進經驗都會造成工作中的漏洞，有時反而會好心腸起了壞作用。如去年我們野營中爲了體貼學員而給學員準備了草帽、小布橙，野地廁所，事前討論認爲這是關心學員及不影響教學的生活細節小問題。教授會曾爲此主張而極力建議。結果檢查起來是十分違背近似實戰原則的大問題。雖然及時糾正了這些錯誤措施，但給教學和國家財產已造成了不應有的損失。再如教學方法上，我們個別教員產生過草率簡化的態度，當自己示範作方位判定時，沒有嚴格地按照正規動作作，他當時認爲這是極不重要的小動作，可以馬虎點，致使以後這班學員的方位判定動作都是不正確的。從而使我們認識到：任何一點游擊習氣都會造成工作或戰鬥上的嚴重惡果。這教育了我們學習蘇聯先進經驗要從大原則直到每個細小動作都不能放鬆。

野營教育的經驗還遠遠地不能滿足我們的需要，我們應當虛心積極地學習蘇聯先進經驗。

同志們！「合同戰術野營教育經驗」問題，我的報告主要就是上面的一些，也就是說去年的經驗使我們更進一步地認識到野營教育對於我們學院學員的特殊重要意義，使我們認識到野營教育準備工作的重要性與其中心內容，使我們認識到野營實施中必須掌握的一些原則與教學方法。當然，我們的報告是極不完善的，或可能有不正確的認識，希望大家在討論中給予充實與批評。

（一九五五年二月二日在第二分組會上報告）

海军军事教育部队见习的经验

档案提要

　　军事工程学院高度重视学员的实习和见习。第一期学员从 1955 年 2 月起先后到 70 多个工厂、部队进行生产实习和部队见习。1955 年 2 月 2 日，军事工程学院三〇一教授会教员凌如镛在学院第二届教学方法研究会议第二分组会上作了《海军军事教育部队见习的经验》的报告。报告强调部队见习在教学过程中具有重要的意义和作用。报告建议在见习前八个月就着手进行教学、物资、思想三方面的准备工作。报告提出在见习的实施中，必须把握四个关键问题：强有力的统一领导；经常地进行政治思想和军纪的教育；帮助舰员改进见习指导的方法；采取灵活适当的见习指导方式和方法，坚持多出航，对实际事物多看、多摸、多操作。根据部队见习的目的和学员的实际水平，针对不同性质的见习内容，报告总结了理论性的讲授、见学、实际练习、参加舰艇勤务工作等四种主要的见习方式和方法。

　　　　来源：国防科技大学档案馆馆藏（KW37-Y-WS.W-1955-017-004）

海軍軍事教育部隊見習的經驗

三〇一教授會教員　凌如簫

一、部隊見習的作用

培養學員成爲政治上堅定、具有高度的軍事工程技術水平和優良的軍事素養，各特種兵的軍事工程師是我院全部教學過程的總任務。「部隊見習」像其它所有教學方式一樣，也應該遵循着這個總任務來教育學員。在我院「教學過程組織基本條例」中規定部隊見習是「專業教育不可缺少的部分，照例也是它的完成階段」，並指示了它的五項目的，這些規定體現了「部隊見習」在教學過程中的重要意義及其作用。

「海軍軍事教育」是一門培養三系學員成爲海軍軍事工程師的基礎性專業課程。它必須教會一年級學員具備較爲全面而豐富的海軍軍事知識和海軍軍人素養。在完成這個任務中部隊見習佔着顯著的地位。

部隊見習的過程中，在軍艦上、在實際事物的面前，學員可以加深原有理論知識的印象，可以掌握武器和技術器材的使用方法，可以學會運用自己理論知識的本領，而這些本領和實際知識光靠院內的理論教育是不可能得到的。在「海軍軍事教育」的理論教育階段，學員常反映說：對理論不易接受和領會，學後記不住，但是經過部隊見習後，他們的反映是所學得的知識「在我們的腦子裏留下了鮮明深刻的印象」。

部隊見習可以培養學員養成海軍軍人的基本素養。我院學員大都來自地方，從未在部隊和軍艦上生活過，因此部隊見習尤爲重要。在部隊見習的過程中，可使學員熟悉艦艇生活，可以培養學員克服風浪中航行的暈船、嘔吐以及其它各種困難的精神，可使學員獲得機敏、靈活、大胆、細心、遵守艦艇規則、嚴守紀律等方面正規軍人作風的鍛鍊。

部隊見習更能提高學員熱愛海洋、熱愛專業的思想。特別是一年級的學員對海軍和專業的熱愛是比較空洞的。如有的學員錯誤地認爲「魚雷、水雷這些兵器沒啥搞頭」，通過部隊見習，學員實際看到了人民海軍力量的壯大，士氣旺盛，團結緊張的可敬可愛；再加上多次的航行鍛鍊，就使學員初步樹立起熱愛海洋、熱愛海軍的思想。並且學員廣泛地接觸到專業的實際內容看到了各種近代海軍兵器、器材的複雜性和戰鬥用途，這些都增强了學員積極學習的情緒，他們自己說部隊見習「使我們更加熱愛專業」。

二、部隊見習前的準備工作

部隊見習和院內理論教育在工作的各方面有着顯然的區別，根據我們的經驗，它的特點是：內容多而時間僅僅一個月；學習內容緊湊而集中；牽涉到艦艇多和工作部門多，而艦隊本身訓練任務又很繁重；艦員負責對學員的指導，但對見習目的要求及學員水平摸不清楚；海上天氣變化多端而迫使計劃的充分靈活性等。因此，部隊見習是一件非

89

常細緻而複雜的組織工作，如果沒有充分和及早的準備工作就不可能取得良好的效果。

我們在見習前八個月就着手進行教學、物質、思想三方面的準備工作。在此階段主要解決以下的問題：

1、明確部隊見習的目的製訂部隊見習大綱　我院「教學過程組織基本條例」規定，教員應在部隊見習前訂出「部隊見習大綱」，在大綱裏應明確規定見習的目的、內容、時間分配以及學員在見習期間應完成的獨立作業題。這個文件是作準備工作與組織部隊見習的依據，是教員指導見習與學員進行見習的依據。祇有符合於課程目的並切合實際的見習大綱方能從根本上保證見習質量和順利地完成部隊見習的一切工作。

爲了要訂好部隊見習大綱必須要求授課教員，根據課程的目的及學員水平，並搞清部隊見習的總目的和各個內容的具體目的、要求，然後，寫出見習大綱，並經教授會的週密審查，會議上通過呈報上級批准。

這裏必需強調，見習大綱一定要請蘇聯顧問審查，這樣方能保證大綱的正確性和學習蘇聯先進經驗。在去年見習前八個月，當時顧問尚未來院，我們訂了「艦上實習計劃」。由於思想上認識不足，對有關艦上武器使用的要求較低、忽視了海上生活鍛鍊的重要性，把大部分內容都安排在軍艦停泊中進行，這個計劃存在着嚴重的缺點。最後不得不在見習前一個半月，在顧問的指導下重新訂出見習大綱。因此，就帶來一些問題、物質保障、見習艦艇的變更等，給見習部隊組織領導上增加了困難，使準備工作走了一段彎路。

2、見習艦艇及物質技術器材的保證　由於見習部隊可能離開我院很遠，並且各特種兵部隊本身訓練也很緊張，因此這項工作必須很早提交有關部門辦理，從而保證部隊見習準備和實施的工作，順利進行。

我們教授會根據部隊見習大綱、學員人數和對海軍部隊實況的瞭解，慎重地選定見習艦艇的類型、數量及見習時間並擬成見習艦艇申請書。同時訂出那些必需由海軍司令部供應的彈藥、特殊兵器和技術器材、交通工具及其它生活資物等方面的物質保證申請書。這兩個申請書隨附部隊見習大綱，必須在見習的前一年度由我院呈送軍委和海軍司令部。

至於作爲見習對象的具體部隊及其地點則由海軍司令部指定，這個指定係由海軍司令部以命令下達給有關見習部隊。在命令中規定那些部隊從何時起至何時止担負我院學員的見習工作，部隊中負責整個見習的領導人以及有關物質保證及其它方面的。當接到這個命令的副文後部隊見習的準備工作，才算獲得基本上的解決。

除了必需由海軍司令部供應以外的物質技術器材，根據需要應列入教授會每年度教學設備計劃中，提前準備妥當，運往批准的見習地點預先安排好。

我們這次部隊見習由於計劃的變更和提出較晚，造成了準備工作上的緊迫現象和一定程度上人力、物力的浪費。經驗證明，及早可靠地作好見習艦艇和物質器材的準備是個基本問題之一。

3、選定見習指導教員和學習見習文件　部隊見習主要是由艦艇指揮員和水兵具體指導學員進行見習。但是目前階段一般部隊對組織學員見習工作是缺乏經驗的。雖然他們本身的技術和業務很熟練，有豐富的實際經驗，是訓練部隊的能手，可是對於文化程

90

度較高又缺乏海軍知識的學員指導見習是有困難的。因此，教授會對指導見習仍負有重大的責任，必須選派足夠數量的教員幫助艦上人員掌握見習目的、要求和改進見習指導方法。教授會派出的教員本身是否能正確掌握見習的目的、要求和方法，在保證見習質量上起着決定性的作用。

被選派擔任見習指導的教員應當是任課教員或教學經驗較豐富的教員。特別重要的問題是組織全體見習指導教員參加「見習大綱」和「部隊見習指示」（關於教員與學員如何進行見習的指導性文件，它詳細規定了各部分見習內的具體目的和時間的具體分配、見習方法和注意事項）的製訂工作，使他們深入瞭解見習的目的、要求和方法。同時，組織他們學習有關的軍事條令和組織部隊見習經驗的論文等能保證教員們具備適合於部隊見習所必需的業務水平。

4、協助見習部隊的領導作好當地準備工作　當海軍司令部將組織部隊見習的命令（附帶部隊見習大綱）下達到見習部隊後，該部隊就將開始見習的準備工作，為了使各項準備符合於我院學員的情況和部隊見習的要求，我們應當派出能解決問題的幹部或教員到見習地點協助見習部隊的領導作好當地的準備工作。

當地準備工作的首要任務是製訂「部隊見習實施計劃」，在這計劃裏要規定各個學習班在什麼期間、在什麼艦艇上、見習什麼科目。根據海軍司令部的命令，在部隊參謀長領導下吸收各艦艇長和我們的教員共同研究製訂出計劃草案，經部隊首長批准實施。在製訂計劃的過程中將會遇到部隊軍事訓練和學員見習的矛盾，對待這些矛盾要以服從海軍司令部的命令和尊重部隊的領導為原則協商解決。

其次，還需要確定有關部隊見習的其它問題，如我院人員怎樣參與工作的組織問題，物質保障問題及其它的制度規定等。部隊首長以命令的方式把實施計劃和其它有關問題的決定下達給各見習艦艇。此後的準備工作就深入到艦艇上了。

我們的教員大約在見習前兩週都要登上各艦。首先在艦長召集下的各部門指揮員的專門會議上由我們的教員介紹學員情況，共同研究見習的實施方法，使得大家搞清楚見習些什麼、要求到什麼程度和怎樣來領導學習見習諸問題。同時，在此會議上，艦長分配任務給各部門首長，他們依此任務挑選優良的艦員擔任指導學員見習的艦員。這些教員確定後，我們教員的任務便是主動地幫助他們編寫出適合於見習大綱的教案。並可在艦長或部門首長的領導下組織重點試演以求得艦員正確掌握指導方法的目的，經驗證明這樣做能取得良好的效果。

由於大量不習慣於艦上生活的學員登上軍艦，教員在事前協助艦長訂出各項生活制度是十分必要的。如發生敵情時學員的位置；平時行動路線；早操、盥洗、升旗等的位置和次序。這樣才能保證軍艦上的正規生活和見習的良好秩序。此外，教員應協助在艦上安裝必要的技術器材，準備學員用的參考圖書等。

5、深入的政治思想動員工作　部隊見習是在一種新環境下學習，將廣泛的接觸到各兄弟部隊，在見習中將會碰到許多院內學習所沒有的困難，對一年級學員來說更是一件新鮮的事情，因此必須預先反覆地進行政治動員，使學員端正見習態度，並在各方面作好思想準備。

我系在這次部隊見習前，認真地傳達了部隊見習計劃，使學員領會它的目的、要

求，從而達到認清部隊見習的重要意義，克服任何輕視、鬆懈、把見習當作遊覽等的錯誤認識；向學員指出見習中的困難，號召學員要不怕暈船、不怕疲勞、不怕炎熱以頑強的精神進行學習；要求學員尊重教員虛心，向艦員學習，尊重艦的領導，服從命令，遵守艦艇規則和各種技術操作規則，搞好各方面的團結維護我院的榮譽。這些教育在見習中起到了重大的作用，各方面收效良好。經驗證明，深入的政治思想動員是完成部隊見習的基本保證。

三、部隊見習的進行和實施

部隊見習的全部過程是在各艦黨組織、艦長的統一領導下、艦上人員的具體指導下進行的。按規定，指派較有經驗的教員在艦長的領導下負責組織在艦上的其他教員和學員的見習工作。部隊見習應具有週密的計劃性，每日每週要協同各戰鬥部門製訂進度表。檢查見習效果，協助艦的領導改進見習指導方法，組織學員的預習、複習和答疑，對學員的行政管理，並配合專科主任及時進行政治思想教育。最後，在部隊見習結束時，在艦長領導下組成考試委員會，按見習大綱，在實物面前，對學員進行考試。

在實施中，勝利完成部隊見習的關鍵問題是：

1、艦艇強有力的統一領導　按照「海軍艦艇條令」的規定，各艦艦長及其部屬指揮員對學員的見習或實習獲得最大成就，從各方面創造保證條件負有完全責任。這就規定了艦首長對部隊見習的領導責任。而祇有強有力的統一領導才能順利完成部隊見習。見習經驗證明，軍艦領導很強，把部隊見習當作中心任務，艦員教學熱情很高，不斷改進方法，收效就好，例如某某軍艦為了保證學員見習掃雷演習，艦長動員全體艦員連夜完成檢修任務，裝好機器，使次日的出航演習按計劃完成。因此艦首長重視並加強領導，那末，部隊見習一定能勝利完成，這是正確的，無可懷疑的。我們的任務是服從統一領導。但是也應估計到，雖然整個見習部隊首長很重視，而個別軍艦的領導把部隊見習要求看得很低，不願多出航，或者認為學員見習是額外負擔，把軍訓任務和見習任務對立起來，祇對完成時數負責不對見習質量負責，放鬆對担任見習指導的艦員的領導。為了加強艦艇統一領導，必須嚴格要求我們的學員及幹部尊重部隊各級首長的領導，遵守各種條令，搞好團結，但同時也應不斷提出改進意見，使艦首長加強見習的領導。必要時可以向上級機關反映，以糾正個別軍艦領導不負責的現象。

2、經常的進行政治思想和軍紀的教育　教員在指導學員見習時配合專科主任加強這項工作具有重大意義，可以教育學員克服困難、刻苦鑽研、頑強學習，認真嚴肅地對待自己的作業，糾正違紀現象，養成高度的組織性和紀律性。

學員沒有海上生活習慣，在風浪航行中進行作業時首先碰到的困難就是暈船和嘔吐，這種生理現象是可以逐漸克服的，只有通過堅持工作與堅持學習才能鍛鍊得出來。如果允許學員到床上躺一躺那將永遠不能習慣的。此次見習中個別學員在暈船嘔吐後情緒低落，精神渙散，作業質量降低，在這樣情況下，教員一面將自己身臨此境的克服辦法告訴學員，並鼓勵其情緒，另一面則加強督促檢查，使學員能按時完成自己的作業。

學員在學習中也常有好高騖遠，重視理論不重視實際，重視結構不重視操作等錯誤的學習態度。教員應及時指出加以糾正，從而保證見習的正確方向。學員在見習時最容

92

易發生的是粗枝大葉，不遵守作業規則，有的學員在航海作業中嚴重的塗改航海日誌，這是絕對不允許的。個別學員認為「這是練習沒有關係」，在測驗中也是如此。這種現象決不能放鬆，雖然他的作業能夠已達到要求，我們的教員仍給予兩分，並且在與學員個別談話中指出他的錯誤的嚴重性，使其感到這種習慣是不符合於軍事工程師的要求，因而得到改正。

見習中證明學員和艦員、兄弟學校的學員相比，軍人素養是很不夠的。動作緩慢拖拉，操作不嚴肅，不會用軍語，坐快艦膽小等。艦員評論我們的學員：「文質彬彬，學生味很重，不像當兵的。」，並且個別學員也有不尊重教員和違犯紀律的表現。因此見習中必須加強軍紀教育，教員的姑息態度是不允許的。

3、**協助艦的領導幫助艦員改進見習指導法**　這是教員在艦上進行工作的主要內容之一。見習的經驗證明，這樣做法是完全必要的。一般艦員往往不善於根據目的、要求以及學員實際水平出發，採取適當的方法指導學員進行見習。有的機械地搬用結合實際的原則，把學員水平看得很高，缺乏必要的系統的扼要講解，如『艦上電力系統』，教員帶着學員全艦走了一轉，結果學員毫無印象。有的沒有從學員的接受能力出發，喜歡講得多，如「火炮射擊規則要領」教員講的範圍太廣，理論太多，講了四學時以後又補了二學時才初步使他們有個概念。凡是經過我們的教員與艦上的教員共同研究過教學法的科目，講的少而學員有充分機會進行操作，收效較好。相反的，未經共同研究或對我們提出的意見不加以改進的科目，收效較差。解決以上問題的方法是對艦上教員的預先幫助，說明見習內容、要求方法並共同研究修改他的教案，如有可能進行試講更為有益。當學員進行見習時我們的教員應參加旁聽，課後提出改進意見。若艦上個別教員不虛心接受意見應及時按級報告請上級糾正之。

4、**靈活適當的見習指導方式和方法**　我們體會部隊見習的作用，主要是使學員在實際事物面前運用或聯繫他的理論知識，以求將既得的知識進一步的鞏固和加深。我們在部隊見習中堅持了多出航，對實際事物多看、多摸、多操作的原則。

部隊見習應盡量在軍艦上和在航行的情況下進行。軍艦上的一切武器器材以及軍艦本身都是為了在海洋中作戰用的，若海軍人員不會在風浪中或其他最困難的條件下使用自己的武器那是不會有堅強戰鬥力的，這對培養軍事工程師同樣也很重要。此次見習中，學員在第一次二級風浪中航行有11%的學員嘔吐，作業受到影響。但經過一段時期的航行鍛鍊後，在四級風浪中航行只有5%的學員嘔吐。顯而易見，學員在困難條件下的工作能力有了提高。

在航行的情況下進行作業，學員必然會發生一些不能立即理解的實際問題，通過這些實際問題的解決，就可使他的知識得到進一步的認識、提高和鞏固。例如有的學員當軍艦轉向時發現指示方向的羅盤在旋轉，他覺得很奇怪。既然羅盤是指示方向用的，那麼它本身這樣旋轉怎樣會指示軍艦的航行方向呢？經過教員幫助，他懂得了原來這個現象是由於軍艦轉向而引起羅盤的相對運動，因此也就體會到羅盤的原理和作用。學員反覆進行實際練習不僅能學會在真實條件下工作的基本方法，並且能更進一步獲得一些在教室內作練習時所不能得到的技能。在實際中碰到了困難，他們將自覺的去研究這是什麼原因，並改進自己的方法。這樣便使學員從原有的理論知識和工作能力的基礎上提高

一步。

按照以上教學原則，我們根據部隊見習的目的和學員的實際水平對不同性質的見習內容，曾經採用了下述的四種主要的見習方式和方法：

（一）理論性的講授　這種方式的採用主要是針對在院內理論教育階段所沒有包括而必須使學員有一定理論知識後才能見習的科目。此次見習中，爲了使學員見習「艦砲實彈射擊方法」而學員都不懂得射擊規則要領，如果不進行這方面的理論性的講授，學員就無法從見習中有更大的收獲。但是這種方式應當盡量避免，有關理論性的講授放在院內理論教育階段中進行是最好的。

（二）見學　這種方式主要是針對複雜技術器材的操作指揮或演習而採用的，這些內容是學員不可能在短期內學會的，而且也祇要求他獲得一般的常識爲目的。例如：各種精密技術器材，艦砲射擊的指揮，軍艦上戰鬥演習，軍艦的操縱等。因此組織學員分成小組在艦員的指導下見學之。

指導見學方法，我們根據見學對象的不同分成兩種：

１）見學單人技術器材的操作：對一些單人使用的器材，教員在實物面前，通過講解和示範操作，使學員了解其使用方法。它的程序如下：

1.說明器材之用途及性能；

2.說明器材各組成部份之聯系及作用；

3.教員示範操作步驟與要點；

4.指定部分學員練習操作；

5.對學員進行簡單抽問；

6.歸納小結。

教員應注意到使學員能夠充分地看到器材的各部分；並可適當停頓，讓學員有提問機會；操作示範或學員操作時應要求學員了解每個部步驟的作用。

２）見學艦員的聯合操作演習：某些多人使用的武器、技術器材或聯合演習，學員不能直接參加便採用參觀艦員的聯合演習的方式使其了解操演或指揮方法。例如「實彈射擊」，我們將學員分成小組、配置適當地點、參觀指揮員及艦員進行實彈射擊。進行前由指揮員介紹射擊計劃。進行時每小組的學員在幾次射擊中輪流担任觀察、彈着記錄及指揮員射擊口令記錄的工作。演習完畢後學員以小組爲單位，從自己記錄中分析射擊的情況，並對照指揮員的射擊口令記錄研究射擊規則的運用方法。

進行這種見學前，教員必須預先將見學的目的及每個學員的任務、地點指示明確，並要求學員預先溫習操作或演習的方法。在進行中要求學員一面觀察一面判斷，並根據自己的判斷考慮下一部的措施。

根據我們的經驗，學員在見學中常發生單純看熱鬧不動腦筋的現象，因而見學心得很少。例如：軍艦靠離碼頭，這在整個見學期間機會是很多的，但是學員在見習一、二次後就感到「就是這麼囘事」而不去進一步的研究。因此，教員必須特別注意，每次見學前都必須明確規定見學任務，見學什麼？注意什麼？並可要求見學後作出書面報告。此次見學中，我們規定學員的作業報告較少，我們認爲作業報告對學員獨立工作能力的培養是有很大好處的。

94

（三）**實際練習** 這種方式的採用是爲了使學員進一步的掌握課程的主要部分；使其在充分發揮獨立思考的情況下培養其運用理論知識的能力。指導學員進行實際練習應根據學員的實際水平出發逐步的提高他的作業能力。遵循着由分解動作到結合動作，由簡單的動作到複雜的動作，由現象到原理的教學原則指導學員。此次見習中，航海作業的實際練習，按照上述方法而獲得較好的效果。

當學員實際練習時教員應注意每個學員的作業情況，檢查學員的錯誤，並告訴學員啓發他找出錯誤的原因和改正的辦法。

實際練習的進行程序可以是：①教員簡單的宣佈作業的目的要求和作業方法的要點；②學員獨立作業，及教員的巡視檢查；③教員講評時指出練習中發生的普遍錯誤及原因以及今後如何改正。同時並指出遵守紀律方面的優缺點。

（四）**參加艦艇勤務工作** 採用這種方式，廣泛地組織學員參加各種勤務工作，對培養學員的海軍軍人素養最爲有效，此次見習中，我們組織學員參加了以下的工作：

①學員輪流担任住艙值日在艦值日領導下，按艦艇條令進行工作。

②軍艦保養工作，在甲板上、艙室內、艦舷外鼓鐵銹及油漆。

③每週的軍艦上的清潔大掃除。

通過這些工作可使學員熟悉條令和艦艇生活，培養刻苦耐勞、克服困難的精神。

以上所述是我們指導見習的一些方式和方法。採用這些方式和方法取決於課程的目的、要求、學員的水平及艦艇、技術器材的容量等條件。

四，結 語

1.部隊見習必須遵循我院培養學員的總目標，必須深入地對學員進行深入的政治思想和軍人素養的教育。

2.部隊見習大綱是部隊見習的指導性文件，必須在週密研究見習目的、要求的基礎上製定之。見習大綱和教學大綱應協調一致。

3.部隊見習是一件細緻複雜的認識工作，有充分和及早的準備工作是順利進行部隊見習的先決條件。

4.組織部隊見習的根據是我院「教學過程組織基本條例」和部隊的有關條令。

5.部隊見習是理論聯系實際的重要階段，必須堅持多出航，對實際事物多看、多摸、多操作的原則。教員從學員的實際水平出發採取適當的見習方式和方法並貫澈由簡單到複雜、由分解到結合，由現象到原理的教學原則。所有參加部隊見習的教員必須自己深入地掌握「部隊見習大綱」和正確的指導方法。在見習期間應在部隊的統一領導下協助艦員改進見習指導方法以保證高度的部隊見習質量。

（一九五五年二月二日在第二分組會上報告）

电工教授会组织实验的经验

档案提要

　　1955 年 2 月 1 日，军事工程学院电工教授会主任李宓[①]在学院第二届教学方法研究会议第四次大会上介绍了半年来准备和进行实验课的大致情况，从试做实验和编写实验讲义、开课前其他准备工作、实验课的进行、实验报告的写作等四个方面进行经验总结：（1）试做实验时，从节约观点出发，尽量使用精确度较差的仪表并减少仪表和元件使用的数量，考虑实验内容的分量和估计学员进行实验所需时间。试验完毕后，教授会规定实验讲义的主要内容，统一实验讲义的格式和符号，助教着手编写实验讲义初稿。（2）开课前其他准备工作，包括周密地计划实验室、建立实验室的工作制度、拟定进行实验的规则、设计实验仪器卡片等。（3）实验课开始时，教员向学员讲解实验应注意的事项，并采用两种方式向学员提问：一种是在讲解前进行；另一种是在学员接线的过程中，教员到各组向学员提问。（4）实验报告写作阶段，教授会集体研究确定实验报告的内容，由实验教员写范例报告，供学员参考。

来源：国防科技大学档案馆馆藏（KW37-Y-WS.W-1955-017-004）

---

①该档案中，李苾的"苾"字有误，应为"宓"。

電工教授會組織實驗的經驗

電工教授會主任 李 芯

去年四月底，電工教授會助教業務學習第一階段結束，實驗室內電源線路亦大部安裝完畢，同時經過一段時間的研究，理論電工和普通電工兩類課程的教學大綱初稿已擬定，在這基礎上，教授會在五月初全面展開備課工作。實驗課也在這時開始準備。

（一）試做實驗和編寫實驗講義

當時我們進行實驗準備工作是有困難的。主要的困難有下列兩點：

1.會內助教同志一般都缺乏準備實驗的經驗，而教學大綱中所列實驗又僅具名稱沒有規定具體內容，加之當時講課的準備工作剛開始，進度很慢，不能和準備實驗的進度相結合，在教學準備會上不可能同時討論實驗內容，因此在準備實驗時感到難於着手。

2.教授會請購的實驗器材，僅到了一部份，試做實驗受到了一定的限制。

針對這些困難教授會採取了下列措施：

1.指定教員領導理論電工和普通電工兩組部份助教進行備課工作。由於兩類課程的實驗內容有些是相同的，決定首先由兩組共同組織領導核心小組（由領導教員兩人和助教一人組成），研究確定準備實驗的數目，然後分別確定每一實驗的內容，由助教分頭進行準備。

2.在開始準備實驗的期間，發動助教系統的和認真的觀摩哈工大和本院已開課教授會的各種有關實驗課的教學活動（包括實驗課準備會，實驗預習和實驗課等），使助教對實驗課的目的、實驗課與講課和練習課的配合及實驗課的具體進行方法能較深的體會。

3.廣泛搜集與電工實驗有關的各種資料，例如譯出有關的蘇聯實驗教材和索取哈工大及國內其他大學的實驗講義，以供備課參考。

4.實驗室協助助教同志熟悉教授會已有的實驗器材，例如提供已有的和已請購並能在開課前領到的儀器材料清册，並開列規格，型式，數量，使助教在考慮試驗內容時，能密切結合實際情況。

經過一段時間的研究，助教同志擬好擔任準備的各實驗的試做計劃。先和核心小組共同研究，然後在教授會全體會議上提出討論，經修正後即着手進行試做。

試做實驗時我們首先注意的就是根據實驗的目的要求、需要同時開出的組數、教授會已有或一定可有的儀表的種類、數量與量程，適當的選定實驗線路和線路中所用元件的參數。在不降低教學質量的條件下，我們從節約觀點出發，儘量應用精確度較差的儀

52

表並減少儀表和元件使用的數量。要做到這點，我們必須充分發揮每一儀表的作用。例如實驗中，每一儀表的讀數，應使之處於儀表量程的中間，俾能得到較高的準確度；又如幾個實驗中都要用電阻，那麼我們就適當選擇其數值，使一個電阻元件可以用於幾個實驗。這是一件比較複雜的工作，往往需要反覆考慮多次試驗，方能達到目的。試做中所用電阻電感等元件，一般均先由助教利用粗舊材料自己進行製造，直到線路確定後，助教方將所需元件及數量通知實驗室，由實驗室統一考慮，正式進行製造，以供學員實驗時應用。

其次注意的就是實驗內容的分量，和對學員進行實驗所需時間的估計。我們要求所有準備的實驗，都能使學員在規定時間內做完。估計的方法，是先由助教同志按照實驗要求進行試做，記下整個過程所需要的總時間，然後把它乘二，作爲學員進行實驗所需時間。如果這時間超過規定時間，我們就適當的精簡內容。根據幾個月來的實踐，這樣估計實驗時間，一般是切合實際情況的。

初步試做完畢後，教授會規定實驗講義的主要內容應包括實驗目的、儀器、內容及步驟（必需的線路圖）、注意事項及報告主要內容等項，同時統一了實驗講義的格式和應用的符號。助教根據教授會的規定，着手編寫實驗講義初稿。

一個助教只負責準備幾個實驗，所獲得的經驗並不全面，同時各實驗內容的分量及對進行所需時間的估計，也可能不很一致。爲了補救這些缺點，教授會組織全體教員和助教，把別人準備的實驗都試做一次，並寫實驗報告。根據大家的意見先對每一實驗內容作必要的修改和增删，再由領導教員把所有實驗講義的初稿統一的加以整理，最後由教授會主任審查批准，送出版處付印。

在試做實驗和編寫實驗講義的過程中，擔任這工作的助教，在教授會領導下，在核心小組具體指導下，都能積極負責，如期完成所擔負的工作。他們不僅仔細考慮自己擔任準備的實驗，還隨時共同研究，解決各實驗的配合、元件規格的統一等問題，遇有疑難時即請領導教員指導幫助，領導教員一般也都能爲助教解決疑難問題，基本上做到了反覆考慮研究，有領導有步驟的進行備課，也比較充分的發揮了集體力量，因此編寫的實驗講義一般都還切合實用。更重要的是通過這樣的備課方式比較切實的培養了助教獨立工作和領導實驗課的能力，爲本期開實驗課奠定了基礎。我們在工作上還是存在着缺點的，主要的表現在下列兩方面：

1. 在思想領導方面做得不夠，沒能使助教在開始準備實驗之前，充分的認識到這工作的困難，作好思想準備。因此在工作比較順利時，往往有鬆氣思想產生，而當工作上返工及走彎路的時候，又產生急躁和埋怨情緒。這些情況雖不算嚴重，但是無疑的給工作造成了一些損失。

2. 缺乏一定的會議制度，有時臨時召集會議，由於準備不足，未能起到它應有的作用，降低了工作的效率。

實驗課的準備和講課的準備分途進行，準備實驗課的助教就不能更多的參加講課準備方面的活動，講課和實驗的密切配合就受到一些限制。雖然通過領導教員的指導和教授會全體會議的討論，我們基本上解決了講課和實驗的配合問題，並且當時我們有必要將實驗課備課的進度加快，使實驗中需用的元件儀表及早提出以便製造或購買，不能將

53

實驗課備課的進度和講課準備的進度結合，我們所採取的備課方式基本上應認爲是正確的，但如條件許可， 我們仍認爲應把實驗課備課和講課備課密切結合進行。 担任實驗課的助教，在講課教員領導下，儘量參加講課備課的各種活動，如教學準備會、試講、習題課準備等，使領導實驗的助教，更清楚的瞭解每一實驗的目的和要求及其在整個課程中所佔地位，在領導實驗課時能結合具體情況，靈活的並且創造性的進行工作。

（二）開課前其他準備工作

要順利的把實驗課開出，除了編寫實驗講義外我們還進行了下列的準備工作：

1.週密的計劃實驗室，其中包括總的及各不同實驗室的電源供應電路、安全設備和試驗台的設計、安裝和佈置。在進行這些工作時，由於實驗室同志缺乏經驗，器材又不能及時供應，技工也很短缺，我們曾經遇到一系列的困難，但由於：（1）教授會對實驗室建立的困難事先有比較準確的估計，一切工作均儘可能地提前着手進行，因此有比較充裕的時間；（2）實驗室同志積極主動的進行工作；（3）教授會全體同志對實驗室工作的支援， 助教同志並曾經展開課餘及假日的義務勞動， 從事各種製造及安裝工作，困難方能及時的克服。在這段時期中我會自己設計製造安裝了配電板十一塊，試驗桌電源線路五十四台，並且修整了電表數百隻。這些工作對實驗室的建立及實驗課的進行起了極其重要的作用。

2.建立實驗室的工作制度，使實驗室能及時的供應實驗課中所需全部器材和電源，並保證在數量上和質量上完全適合要求。工作制度中包括實驗室成員的職責 、 勞動紀律、會議制度，事故處理辦法、器材及工具的請購、檢驗、收發、使用、維護、出借、報銷等手續、各實驗室的保管制度和實驗室規則，這些規定均須在開課前明確訂立，並教育教授會全體人員特別是實驗室所有成員自覺的嚴格執行。

3.擬定學員進行實驗的規則，在開課前分發給學員並進行講解，以避免或減少實驗中可能發生的事故。

4.設計實驗儀器卡片。每次實驗課前，實驗員按照講義把實驗中所需用的器材全部加以檢驗， 並配備好需用的各種接頭、插棒及長短接線， 逐項登入每組的實驗儀器卡片，並把它與器材一起放在試驗台上。佈置完畢後由領導實驗的教員或實驗室主 任 抽查，改正可能存在的缺點。

每次實驗前，實驗室均進行儀表的檢驗。這樣的進行準備，一般需要較多的時間，在實驗室工作忙碌的情況下，是會感到一些困難的。但是我們堅決的執行了這個檢驗制度。我們認爲它的優點有三：一、督促實驗室人員切實對實驗器材的供應負責；二、檢驗儀器的數據可供實驗教員檢查學員報告數據時的參考；三、保證學員在實驗中所用儀表均爲我會該項儀表中最準確者，使實驗能更順利的進行。

5.在進行實驗課前，領導實驗的教員先就本實驗中注意事項和提問內容等方面互相交換意見，然後徵求講課教員的意見，並決定具體做法。

6.實驗教員在第一次實驗課前向每一學習班介紹實驗室內電源線路和實驗台上操作方法，並講解實驗規則。時間約爲二十分鐘至半小時。這樣可以減少學員在進行第一次實驗時由於對實驗室生疏所可能引起的困難。

54

7. 爲了使學員能在指定時間內完成實驗，除了上面所說的幾點外，我們還注意到使講課與練習課的內容和實驗課密切結合。例如在『有關直線性電路的一些性質』一實驗中用到的星形和三角形等效變換的計算，在『串聯電路』和『並聯電路』兩實驗中用到的交流電路基本性質線路的計算，都比較複雜，我們就讓學員在實驗前的習題課中計算同類的問題，使他們熟練的掌握計算方法。又如『三相電路功率測量』一實驗中須用瓦特表，講課教員在課堂上除講解理論外，還利用幾分鐘的時間，簡要地介紹了我會實驗室中瓦特表的使用法及如何糾正指針反向偏轉等問題。這樣不僅使學員知道了如何使用瓦特表，減少了進行實驗時的困難，同時也加深了學員對理論部份的印象。

8. 實驗課前一般要求學員預習。本會採取了二種預習的方法，關於電路方面的實驗由學員自己按照實驗講義參考講課筆記進行預習。關於電機方面的實驗，由實驗教員在實驗前一天召集進行實驗的學習班的學員，到實驗室進行集體預習，由實驗教員講解電機操作程序，並進行示範表演。

（三）實驗課的進行

實驗課開始時，教員向學員講解這次實驗應注意的事項並採用兩種方式向學員進行提問。第一種是在講解前進行，藉以瞭解學員預習的情況。但由於時間上的限制，不能普遍的檢查，雖然在檢查線路時還可以補充的進行提問，但往往幾組同時接好了線路，都等候教員檢查，教員不能在一個組上停留太久，提問也就受到限制。另一種是將講解注意事項前的提問省去，在學員接線的過程中，教員到各組向學員提問。採用這種方式，每組都能問到，時間上也比較從容些。我們採用第二種提問方式較多。但當我們想要學員特別注意某些事項時，我們仍採用第一種提問方式來促進學員思維的活動。

提問的主要目的，在檢查學員是否對本實驗作了必要的預習，故提問的問題必須簡單扼要。答不出這些問題是不允許進行實驗的。比較技節的問題，一般可以在查線路時向學員指出或提問，引起學員的注意。

學員接線或改接線路完畢後必須經過教員檢查，方許接通電源。這個規定對於基礎電工課程的實驗而言是必要的。由於個別學員沒有嚴格的遵守這個規定，在本期實驗課中曾經發生過一次燒壞電表的事故。

實驗完畢後，學員必須將所得數據交教員審查簽字。通常教員只需看是否有顯著不合理的地方。爲使學員不致等候太久，教員事前必須考慮審查的方法。在最初的幾次實驗中，學員對儀器的使用相當生疏，常有看錯或記錯數據的情況，因之信心不高，每每取一兩個數據後即要求教員審查。爲了培養學員獨立工作的能力，教授會要求教員根據學員能力，儘量讓學員自己判斷所得數據是否合理，逐步的糾正過分依賴教員的現象。

某一組數據審查通過後，教員隨即到該組檢查儀表。根據實驗進行規則，那時線路尚未拆下，教員只需查明線路不錯，接通電源即可看出所用儀表器材是否正常，少數未接在線路中的器材，也同時加以檢驗。如均完整無損，即可在儀器卡片上簽字接收，此後仍由學員拆下線路，並把儀表原件擺回原來位置。這樣檢收，費時並不太多，一方面可以培養學員愛護國家財產的觀念，另一方面實驗室管理器材也比較容易，如有損壞，責任分明，不致有推諉的現象，我們認爲是正確的。

55

上述工作完畢後，學員卽可在實驗室中着手寫實驗報告，在一般的情況下，學員常可有十五分鐘至一小時的時間。學員如有疑問，可以在這段時間中找教員解決。

在實驗課進行中教授會主任及講課教員經常的到實驗室了解情況，糾正可能存在的缺點。

（四）實驗報告

在進行本期第一個實驗時教授會並未明確規定實驗報告應包括的項目，結果交進的報告大部過於草率，不合要求。經過集體研究，教授會規定電路方面的實驗報告至少應包括：（1）目的，（2）線路圖（注明符號以明確它們在數據中所代表的意義），（3）數據及計算舉例，（4）討論等內容，並附上原始數據記錄。爲具體指導起見，由實驗教員寫了兩個報告，經教授會主任審定後作爲範例公佈，這樣才糾正了草率的情況。有時我們也把學員較好和較差的報告對照的公佈在實驗室的圖表架上，一方面比較具體的指導了實驗報告的寫法，另一方面也起了講評的作用。

經過幾個月的訓練，學員的實驗報告作業，一般都有顯著的進步。但是用於寫報告的時間，一般還需要兩小時，（總計預習、實驗及寫報告的時間，每次實驗平均需四小時）超過了工作量中分配的時間。主要的原因，是由於學員對計算繪圖和描曲線不甚熟練。教授會對這問題曾研究過，認爲在這方面對學員的要求不能降低，否則就達不到教學大綱所規定的目的。爲了減少學員寫報告的時間，教員應在實驗課前充分考慮到學員寫報告時可能遇到的困難，俾能在實驗課中多給予幫助，以提高學員的工作效率，減少寫報告的時間。但是我們在這方面經驗不多，做得也不很夠，問題還沒有完全解決。

上面所述，是我會半年來準備和進行實驗課的大致情況。採用的辦法中還存在着許多缺點，很難說已經獲得了什麼成熟的經驗，更不能說這些方法可以完全搬到其他實驗課或專業實驗課中去應用。現在把它介紹出來，希望能引起討論，使我院各種實驗課的質量能進一步得到提高。

（一九五五年二月一日在第四次大會上報告）

如何贯彻"三字经"的学习方法

档案提要

听好课、记要点，抓关键、深钻研，反复学、多次练，攻理论、重实践。这是《军事工程学院教学工作暂行条例（草案)》第四章中规定的"三字经"学习方法，是指导学员自学的重要依据。根据基础课教研室部分老教师开展座谈的情况，《教学简报》于1962年11月19日刊登了《如何贯彻"三字经"的学习方法》，对"三字经"学习方法逐条做了具体说明。

来源：国防科技大学档案馆馆藏（KW37-Y-WS.W-1962-017-023）

一九六二年

23

内部文件
注意保管

中国人民解放军军事工程学院教务部编印

如何贯彻"三字經"的学习方法

——基础課教研室部份老教师坐談記要——

編著按：最近，全院教务处长会議研究学員学习情況时，再一次指出改进学員忙于赶作业，不能很好复习理论，学的不巩固、不扎实的情況，重要一环在于学員同志进一步貫彻学院教学工作暂行条例（草案）中所規定的"三字經"学习方法。但是如何貫彻"三字經"的学习方法，还有待于大家通过实践总結經驗。这一期簡报刊登的基础課教研室部分老教师在一次坐談会專門討論这个問題的記要，可供参考。

学院教学工作暂行条例（草案）第四章中指出学員自学的"三字经"是指导自学的重要依据，我们在坐談中仅就"三字经"作了一些註解，提出一些学习环节的关系和方法，对不同的课程，不同的年级，可能不尽合用，但我们的目的在于找到一些学习方法上的共性，作为参考。我们觉得培养学員独立工作能力，大致包括以下几个方面：如记笔记、独立阅读以及分析综合的能力，独立进行准确、熟练的计算和工程、画图的能力，进行实验实习操作以及解释现象的能力，阅读外文书刊及中文表达的能力等。培养学員理论密切联系实际，由听课到精通会用，是一个复杂、细緻、艰苦的鍛鍊过程，还需要教学双方不断地克服缺点，积累经验，根据具体情况丰富学习方法。以下仅是我们一部份教师的意见，不足之处請补充指导。

听好课、記要点

听课是学員在学校学习知识的主要方式。因此听课要集中精力，积极思維，讲课内容经过教师反复加工，一般地说：主要概念（内容）阐述得比较透彻，敍述得比较简练，系统比较分明，有时还增加教材以外的新内容，这些方面都要听得好、記下来，学会手脑并用，随听随記，重点的东西能笔記下来，这样就便于复习参考，也有助于經常培养

1

分析概括的能力以及文字表达的能力。

1、听课时精力要高度集中，防止思想"开小差"，听课要跟上教员的思路，积极展开思维活动。

2、听课要注意课程特点，教员讲课特点。

3、教员讲课的引言，结语，思路（来龙去脉），新的内容，应当笔记下来，笔记主要是记要点不等于单纯的抄黑板。

4、记笔记要利用教员讲课的间隙，如重复、写黑板、语调加重的时间。

5、课堂上听不懂的地方，要用符号表示，并可以暂时放一下，以便课后思考或质疑，不要打乱听课思路。

6、笔记应当补充——质疑——再补充，笔记本予先留下空白，以便写补充材料，或心得体会。

抓关键、深钻研

听课后，作业前，一定要阅读适量的教材或笔记，通过读书学习逐渐培养自学能力。但要注意方法，要依据教员讲课的提示积极运用自己的思维，找到学习内容中的关键问题，提纲挈领，精读深思，要作到不弄懂、不收兵！防止泛读粗通，不求甚解。关键性的概念、定律、以及一些处理问题的科学方法，研究方法，如果领会得好，它的应用作用能够带动全局，融会贯通。读书不能平均使用力量，初读之后，还要深钻，力量用在主要方面。深钻研则是要同许多教学实践环节密切结合，反复体会这些关键内容：是什么？为什么？怎样用？

1、读书要由粗到精，要反复思考，达到又深又透。

2、要不断养成综合概括的能力，分析问题的能力，以及运算的能力。

3、读书三到：眼到、心到、手到、主要是心到。

4、读书三法：细读（打基础）、精读（抓关键）、熟读（融会贯通），主要是精读。（这是指一般的读书精神，要看作一个整体，灵活运用，如内容过多，篇幅过长，可按教员指定的范围阅读，以免花费的时间过多）。

5、四个要求：记、推、算、辨，就是记要点、会推导、重运算、能辨别（对比）。

6、听不懂，读不懂的内容全记下来，经过反复思考后再去质疑。

7、在回忆消化内容的基础上，再动手做阶段小结，不要单纯抄书本或笔记。

反复学、多次练

古语说"拳不离手，曲不离口"可见功夫要反复体验，愈体验愈深。

1、充分估计学习的艰苦性、反复性，要不断的温故知新，学而时习之。

2、反复学不是重复学，而是要求不断的提高。如理论和作业结合从作业中加深理论，就是反复提高的例证。

3、复习要"想、问、记、做"相结合。

4、复习要经常化、系统化、既要重视局部内容；也要随时注意整体联系。

5、要不断的培养画图作业能力，运用数据图表，运用规范，校核和准确计算的能力。

2

6、作业前应重视复习理论，理论复习好，作业的效率和质量就好。

7、作业抓三个方面：分析、计算、作风，强调思路、强调计算、强调作业整洁、精练、条理化。

8、作业要弄清题意，考虑周密，有根据按步骤地进行，不要硬套公式，主观臆测，急于求成。

9、按时交作业，作业错了的要自己去改，未批改要自己去查对，批改了的要仔细重看；作业后要及时的或分阶段的总结理论和运用的情况。

攻理论、重实践

理论是科学的抽象，对实践起着重要的指导作用，因而要重视理论，采取步骤（听好、记好，反复学，深钻研等）打好基础，才能有根据，有步骤，比较胜利地完成作业和实验。但是光靠书本知识是不够的，还要在实践作业中，反复印证，不断提高，才能达到全面深入，真切会用的程度，理论和实际结合还要注意基本功的训练。也就是要弄通基本理论，熟悉基本技术（如运算、画图、实验技巧等）要求熟练使用。

1、攻理论要注意基本功，基本功要经常锻炼，不能寄托于考试时算总账。

2、弄清理论概念，该记的要记住，该用的要会用，要在弄清理论的基础上记公式，不要死记公式，硬套公式。

3、攻理论在于解决实际问题，通过实践问题，又可消化理论巩固理论。

4、重实践主要是通过实践，进一步搞通概念、掌握概念、并熟悉运用基本功，以便理论与实践结合，作到在解决问题时能得心应手提高效率。

5、经常作理论思考题，作题一定要作出结果，养成踏踏实实的作风。

6、作实验实习要紧密结合理论，重视工具使用，学会读数据，解释图表现象，重视实验报告。

7、要养成数学计算能力，计算尺运用能力。

本期共印 420 份　　发至系、队、教研室、学员班　　1962年11月19日

学习方法好是保证学习好的重要条件

档案提要

　　1962 年，《教学简报》刊登了 1959 级学员张凤英的文章《学习方法好是保证学习好的重要条件》。张凤英结合自身情况介绍了运用"三字经"学习方法的实践经验：(1) 听好课，记好笔记。当听课与记笔记发生矛盾时，要以听课为主，课后再补笔记；当两者不矛盾时，在听懂了的基础上尽量多记。　(2) 多练基本功。要多做练习，安排时间复习旧功课，独立思考与讨论，培养熟练的计算能力。　(3) 阶段歼灭战。学习到一定阶段后，要做好复习小结，用列提纲的方式把书读薄，真正牢固地掌握知识。

来源：国防科技大学档案馆馆藏（KW37-Y-WS.W-1962-017-013）

一九六二年

13

內部文件
注意保管

中国人民解放軍軍事工程学院教务部編印

編者按：好的学习方法是保証学习好的一个重要条件。学院教学工作暂行条例（草案）中已指出我們的学习方法，主要是"听好課，記要点；抓关键，深鑽研；反复学，多次練；攻理論，重实践。"学員同志們如何结合自己情况，使这"三字經"的学习方法在实际学习过程中落实，并且取得效果，是大家很关心也是急待解决的一个问题。本报这一期印发了張鳳英、曹至濤两位学員同志介紹的經驗，希望学員同志，特别是低年級学員同志們都能好好的看一看；并尽可能结合自己的情况加以研究，总結出适合自己的学习方法，以期我們学习质量更进一步地得到提高。

学习方法好是保証学习好的重要条件

59--541　　張鳳英

在学习过程中，一方面学习其它同志的先进方法。另一方面要自己摸索，得到适合于自己实际情况的学习方法。要想学得好，方法是必须讲究的。我在学习方法上有以下一些体会：

一、听好課、記好笔記：

在上課前几分钟，把上一堂讲的回忆一下或翻一翻笔記，以便和今天的联系起来。听課中要力争当堂基本解决问题。当听課与記笔記发生矛盾时，要以听为主，課后再补充笔

记。当有些问题没听清或理解不了时，我就先用红笔打一个问号，把它跳过去，为了不影响下面听课，理解不了的先强迫自己承认它，不要老在这个问题上打圈子，否则就跟不上教员的思路。下课以后，一定要把遗留的问题解决掉，复习中不可以把障碍跳过去。当听课与记笔记不矛盾时，在听懂了的基础上要尽量多记。上课不翻书，免得分散精力，课后再看讲义参考书，对同一个问题，多从几方面来理解比较容易或深刻一点。当其中发现了问题时，自己要争取独立把它解决，设法把矛盾统一起来，或者找教员答疑，与其它同志讨论，以求把问题解决。

记笔记时，不仅要记结论，也要记思路，从中学习分析、处理问题的方法，这就为自己将来遇到问题时，该应用什么知识、该从哪方面着手，打下了基础。同时，对问题的思路明确，学起来也比较省劲，感到来龙去脉很清楚。

在教员讲了一段后，自己归纳一下，用自己的话记下来、要善于钻教员的时间空子，如较长时间的停顿、擦黑板等。有时理解不好就记错了，下来再对一下。

但是，教员不能在课堂上把全部的内容都讲，光依靠这些知识是不够的，自己需要注意培养自学能力，看一些参考书。看书时不要贪多，看懂一个问题算一个问题，不要一口气往下看，结果看完了也就完了，什么也没有记住，等于没有看，看过一段后，再回头翻一翻前面的，前后联系，对照起来，重要的要补充到笔记上。看书，也要事先选好一个问题，有目的的看一本书，不要翻翻这儿，看看那儿，浪费时间。

二、多练基本功：

对于作业：不要怕多，碰得多，见识就广，遇到的问题多，解决问题的方法也多。比如数学中，有些问题处理的方法很巧妙，只有熟练，才能摸到普遍的规律，找到窍门。我感到数学的确是一种工具，必须掌握好，多作习题，多下些工夫。就是其它作业中的选作题，我也很少放过。

作业作错了，花了很多时间，自己不要发急，这是一个很好的学习过程，要从中吸取经验教训，得到提高。

对于复习与作业，我是这样安排的；如果课堂效果较好，我就先动手做作业，遇到问题自己一步步分析、思考；争取不翻书不看笔记把它解决；这样确实是自己动了脑筋。既使解决不了，带着问题去看书去复习，收效也比较大；往往作业是围绕在基本概念周围。但是当课堂上效果不太好，基本概念是一笔糊涂账，趁早不要作业，那样会浪费好多时

间，结果还是无从着手，因而具体情况要分别对待。

对于实验，这是一个很好的实际操作机会，在实验前我先把要实验的笔记内容复习好，然后再看实验讲义，看完后自己默想一遍，先做这一步，再作那一步直到完全搞清楚为止，特别是几个人一组时，自己更要清楚实验的内容。对于实验报告，我把第一次使用仪器的方法也写下来，特别对实验结果与实验现象，尽力用自己所学过的知识去解释，如果自己的理解有错误，也能得到教员的指正，不至于总错下去。

在学习中，特别在作业与实验报告中，也注意了培养自己良好的学习作风，字写得正规，书面整齐干净，自己愿意看，也有助于自己的学习，到用的时候有一些参考价值。当作完一个习题后，不要轻易把它放过，再想想，看有没有更加简单或其它的方法，自己比较一下，另外一个方法好就再用它作一次。应该杜绝粗枝大叶的毛病。这方面我曾吃了不少的亏，所以有教训。

2、复习旧知识：

普通基础牢固，才能学好专业基础，专业基础牢固才能学好专业。我有时感到普通基础知识用到专业中时整扭，对学习有一定的影响。因而我注意了安排时间复习旧功课。如在上学期借机工劳动的下班时间复习了理论力学和数学，自己整理了一本数学手册，在寒假又复习了一些数学与俄语语法，所以在今年的空气动力学中没有在连续方程、流线、涡线方程中为数学知识所卡住。同时，平时学得好，复习起来也省劲，如"理力"中的动静法，动能定理等现在印象也比较清晰。

3、独立思考与讨论：

学习中，要有不耻下问的精神，但是不要轻易问别人，遇到问题，我自己先闯一闯，多花点时间也是应该的。学习毕竟是自己的事情，别人不能代替。我想别人能解决，我为什么不能搞懂？问题不怕难，只要下工夫，定能钻得通。例如在理论电工中，求自感的一个公式 $L_i = \frac{2}{l^2}\int_0^{l_t}\delta\varphi_i ds$；$ds = 2\pi\gamma\cdot d\gamma$，而 $\varphi_i = \int_r^R \mu_0 H ds'$，$ds' = 1.d\gamma$。我花了整整三个小时为什么一个积分中是 $ds = 2\pi\gamma\cdot d\gamma$，一个却是 $ds = 1.d\gamma$。当彻底搞清楚后，即使题目再变一变花样，也会认识它处理它。

另外，我平时很喜欢与其它同志讨论问题，如走在路上互问互答，取长补短；我也喜欢争论问题，问题越争越明，印象也深刻，可以澄清自己的模糊概念。如果自己对，一定要坚持，要以理服人，并耐心地听取对方的意见，尽量说服对方，驳倒了不对的也

更巩固了对的；如果自己错了要大胆承认，向真理低头，今后也就不会再错了。互相讨论收效很大。

4、培养熟练的计算能力：

自己要掌握一套比较熟练的运算方法，要多锻炼心算，简单的加减、乘除、乘方、开方要用心算，常用的积分、导数、三角公式要能背得出，不要依赖算尺、笔算与查表。算尺要多多练，才能拉得快、准，计算中一步保证一步计算无误，很能节约时间。

计算中要充分利用数学上的技巧，灵活地应用已学过的知识解决问题。如果坐标取得合适，区间选得正确，命题、定理应用得灵活，会免去许多不必要而又烦锁的数学运算。如概率中有题是独发射五发，求命中数的数学予算，利用作业中证明过的命题可直接得出是 $5p$，否则得费好大的劲，有纸合的计算。一到五次的乘方运算最后分别乘起来加到一块才得到结果。也许中间还出些问题，那就更麻烦了。

如果计算速度比较快，可以抽出多的时间搞复习、钻概念，对学习效率提高很大。

三、阶段歼灭战：

到了一定的章节，我就感到所学的东西、内容多又乱，这就需要一次系统的复习，作一次清底工作。利用节假日、星期六晚上与星期天，重点复习一章或几章。总结出几个重要问题，作到心中有数。有些问题，当时没有理解或理解得不好，这一次也许会有新的理解。我复习中主要抓基本理论、现象解释及数学推导，自己对自己多提问题、解答问题，多问几个为什么，到底之间有什么联系。对于公式，看了几遍似乎记住了，但一写就出问题，自己对公式推导的思路要清楚，它与什么因素有关，自己多动手、推一推，不要偷懒。复习中一定要坐下来，静坐一、两个小时，下决心解决一、两个问题。这次复习中，一定不留难点。

复习过后再作出一份小结，作小结不是抄书、抄笔记，是在自己掌握了知识的基础上作提纲。将知识串成一串，看起来一目了然，我还把阶段复习过的内容抄到日记本上，一门功课用一个。我感到牢固的掌握知识是在平时，不是靠期末复习的突击，平时解决问题彻底，没有难点，复习考试中也比较省劲，复习到最后要能达到看见提纲就能够想出全部内容，也就会体会到书越看越薄，笔记越看内容越少，复习中也要全面，一个空白点也不要，只有在全面的基础上才能找出重点。到考试的时候，只要认真，仔细会取得较好的成绩。

• 4 •

记忆的时候我根据自己的习惯 不同课程的特点来记忆，对公式要采用理解记忆，知道它的来龙去脉。自己动手推一推，结合它的物理意义，几何解释就可以了。有时知识却需要反复几个回合，逐渐加深理解与记忆。如说理的理论课俄语单词等。另外对用归纳法得到的一些结论、公式，要记住最常用的有时也是最简单的，其余的一联想，一类推就可得到。如无线电基础中的线性二端网络的电抗定理。

如何学好基础课

档案提要

1960 年，在军事工程学院第一届教学代表会议上，空军工程系二科二年级根据该年级学员基础课学习成绩不断提升的情况，从学员的角度出发，分析了基础课学习的特点，介绍了学好基础课的一些体会。（1）掌握基础课学习的三个主要特点：内容上，概念和定理多；编排上，系统性强；论述方法上，数学推导和抽象思维多。（2）学好基础课，最主要的是要解决两个问题：一个是如何深入钻研，把知识学透；另一个是如何复习小结，提炼和巩固知识系统。

来源：国防科技大学档案馆馆藏（KW37-Y-WS.W-1960-032-002）

如何學好基礎課

二科二年級

一年級，二年級，我們基礎課學習成績是一學期比一學期好。特別明显的是有几位同志，在予科和一年级时常常有几門不及格，而现在已达到了較稳定的良好成績。还有不少原来是处在二分边緣的同志，现在常常是四分五分了。这个过程不是偶然的，也并不是容易的，而是和全国大跃进形势一起在我们学习上的一个不断提高，全面跃进的过程。这主要是在党支部的領导下，經过了各次政治运动，提高了觉悟，又紅又专成了大家的方向。支部又經常发动群众来討論，开会，从学习态度，作风，方法上改进提高，因此整个年级的学习风气愈来愈踏实，学习方法也不断改进。在这里，我们从学員的角度来談談基礎課学习中的特点及如何学好的一些体会。

第一：基礎課学习中的特点：

（一）內容上概念多，定理多，每章每节都是以概念，定理为中心內容。我们感到定义一个概念，都是抓住了这事物，这現象最本質的特征，而用最精鍊的語言叙述出来。因此对概念不能簡单化的似是而非，或停留在直觉的印象上去理解，而应該抓住他最本質的东西，再全面掌握他。如函数的定义，就必须抓住函数是表示了变量之间的对应关系，然后又提出了定义区，函数表示法，而对他作全面的理解。因此在学习中对定义的一字一句想一想为什么要这样講？少了行不行？他的本質是什么？是有好处的。其次我们也感到掌握概念的过程是一个日益深入，日益扩展的过程，并不是背出了定义就算掌握了他，如极限概念，从一元

函数的极限到多元函数的，从实变函数到复变函数的，从数学上的定义到物理，理论力学中的实际应用，因此学习中要注意学到后面想想前面，有什么联系，什么不同？扩展了呢？还是提高了呢？这样才能逐步加深对概念的理解。第三，各个概念之间不是孤立的，而往往是有联系的，往往一个事物，现象，从各个不同角度去看就要用几个不同的概念来描述他，而他们相互之间是紧密联系的，如电学中的电场，我们通过电场强度，电位，电势能……来研究它，因此对它们要联系起来理解，找出他们的关系，整个的掌握他们，从而通过他们去了解电场的性质。

定理是基础课内容中的核心，因为基础课对实际应用讲得简而少，而且也往往是从加深对定理的理解的角度提出的，我们感到对于定理也和对待概念一样首先是要抓住他的精神实质，然后从他的实质出发，全面的去掌握他，因为定理往往是简明客观规律，指出客观事物的本质联系，因果关系，如：理论力学中的动能定理，动量定理，都是表示了力作用效果和运动性质之间的关系，但又是在不同条件下成立的，因此表现形式，计算应用都有不同，所以能抓住他们的实质再全面理解比背出他的条件结论还好。其次对定理的证明过程，开始我们常常感到复杂，记不住，实际上我们是要读活书，不是要背，要死记书上所谓所证的一切，因此对证明过程主要是掌握他的推导思路，所谓思路就是他论证的根据是什么？是否充分必要？他用什么方法推出，这方法的途径，步骤，关键，注意点是什么？是否还有其他办法？最后还要推敲一下他的成立范围，这往往是由定理的证明过程体现出来的，也是下面应用的先决条件，最后是关于定理的应用，有同志以前常感到听课听懂了，下来不会做，我们感到，在掌握了理论内容后，详细的研究一下书本上或教员所讲的例题，看一下他是如何用理论来解决实际问题的，从什么地方下手，先后步骤如何，有几种不同类型的问题……对自己作题是大有帮助的。

（二）编排上、系统性强。

108

这一方面是指编排上前面的知識是后面的基識，而后面的又往往是前面的发展和提高，而使我們的知識不际深入。如物理中原子結构，是从光学普分析得出一些实验公式←玻尔的理論←榮麦费特的理論←量子理論，一步步的提高，又如数学中积分，从一重积分到二重、三重、至曲綫积分、曲面积分、广义积分又到临参图积分，也是逐步深入的，因此学习中必須先后联系起来，遇到这样的情况就把他們串联起来，連成一串，有共同的一条規律，而又是各有不同。另一方面是指编排中对同一現象的几个規律平行安排，內容上有类似的地方，但又有不同的方面，如理論力学中研究物体的运动，从最基本的牛顿第二定律出发、有动量定理、动能定理、动量定理，遇到这种情况，把他們对比安排一下，他們的条件，結論、計算方法上相似点和不同点，可以达到全面掌握的目的。

（三）論述方法上、数学推导、抽象思維多

因为基础課所講的內容都是概括了大量現象而得出的一般規律，因而一般性的論証就必然較多，如在数学中場論部份，复变函数部份，理論力学中的按动慣量陀螺理論等部份，这里最主要的問題是理論的实际的矛盾，往往謂理論是为了后面实际运用，程缺乏一定的实际知識，又往往不易接受这些抽象的东西，和場論是概括了流体力学的速度場，物理中的电場、磁場……而用普遍的数学形式描述出来，这是为了理論、空气动力学……中应用。但由于缺乏对于場的实际知識，对場論中的旋度、环量、格林公式、奥氏公式……感到真玄，我們感到这一方面希望教員在課前尽量多介绍一些实际知識，而我們在学习中首先从数学意义上接受他，等后面学到了实际知識，再复习一下前面所講的，如这次学到空气动力学，有同志复习了一下場論、就感到帮助很大。

上面三点是总起来說的特点，每門課又有很大不同，如理論力学整个的系統很完整，普通物理又往往各篇有自己的特点系

統，因此注意掌握各門課具体的特点，会有更具体的帮助。

第二：如何学好基础課：

基础課存在上述一些特点，而我們在听課、自习、作业、复习，这样一个过程中如何自觉的掌握这些特点而改进我們的学习方法呢？我們感到最主要的是要解决下面二个問題，一个是如何深入鉆研、把知識学透，另一个是如何复习小結把知識系統，提鍊而巩固。

（一）发現問題，解决問題是深入鉆研的主要方法：

学习过程就是对客观事物、客观規律的認識过程，認識是无穷无尽的，因此必須鉆研要学得深入一些就必須經过自己的思考，同志間相互启发，教員的指点而发現自己的空白点，发現自己知識上的矛盾，发現了經过自己的思考、探索、反映了，知識也就深入了一步，提高了一步。

根据我們的情况，学习中是能注意发現問題，并認真解决問題的，必然对知識的理解較为深入透彻，学得也就較好，相反的，有的同志不注意发現問題，往往感到找不出問題，这往往是因为对知識不要求深解的結果，实际上并没有懂的問題却自以为差不多了，也有一些同志碰上一个問題就問一个問題，没有經过自己归納問題，找出中心問題，再經过自己思考，不行再問教員这样一个过程，因此自己分析解决的問題的能力提不高，有这两况的同种情志往往知識中有漏洞，成績不稳定，所以我們認为要把发現問題解决問題这一方法貫彻在整个学习中，具体的說：首先是听課，教員講什么我听什么，听到什么就記什么。这样的效果并不太好，要听好課最重要的是要"想"是要积极思維，一方面要抓教員所講內容的思路、关鍵、教員所講每一步推导的目的作用，另一方面要注意在听課中发現問題，教員講的內容的根据是什么？为什么要这样講而不是那样講？然后記下筆記也記下問題，同时，也对必要內容开始作初步記忆←上完課的之前，想一下这几課各講了几个主要問題，我掌握了那些？还有那些没有懂

110

握？有些什么問題？这时也就計划了自习←自习开始，想立即完成作业，上来就做往往是事位功半，因为这样心中没有掌握，照着例題套、讀、結果往往是錯了重来或是走了弯路，反之，先把內容鉆研透了再做作业却往往是事半功倍，因为这样作业时心中有底，知道如何分析，也知道解这道題的目的是什么，因此自习中首要的任务是要深入一步鉆研，这里最主要的工作是进一步发現問題，并把自己的所有問題进行归納整理，因为往往听一課以后有好几个問題，就必須自己先找出自己最关鍵的最主要的問題是什么？什么問題是必要的，这个問題的更本質的問題是什么？这样整理后再进一步解决这些問題←解决問題的方法有二个一个是同志間相互研究，商討，或問教員，这时不要有一个問題就問一个，一定要自己先想一想，問題的实質是什么，問題解决的思路可能是那几条？結論可能怎样？正反理数是什么？要有了自己的一套主張（卽便是錯誤的也好）再去和同志們商討或問教同，只有这样，解决具体問題的过程也就是自己思想方法，处理問題的方法的提高过程，否则，碰到一个問題就問，具体問題可能很快解决了，但对自己解决問題的能力是提高不大的，这里特别是同志間相互商討論往往能使問題更加深入突出，理由更加充分这种风气要大力提倡。解决問題的另一个方法是看課本，看参考書，有各种不同叙述方法的参考書对照着同一問題，并加以比較研究，往往有很大好处，←然后再作作业。

上述就是学習过程中，如何不断的提出問題解决問題。

（二）經常性的复習小結，是系統巩固的主要方法。

平时注意了鉆研，但一天天的上課，知識一天天的积累，只有把这些知識經过反复整理，提鍊的工作，系統起来，編排在自己脑子中，才能完整的掌握这門知識，也只有这样才能巩固，要做到这一点，必須在整个学習过程中經常的有計划的进行复習小結。但有同志間在这样紧張的学習中是否能抽时間进行复習呢？經过这几个学期的学習，我們感到整个学習过程的进行是不平衡

111

的，对每个人来说随着学习内容的不同，难易程度不同，和每个人基础厚薄的不同。必然在一个时期在一些课程上学得透一些。因此及时的合适的计划时间，安插复习，是完全可能的。怎样进行复习呢？有的同志复习就是把笔记再看一遍，或是把书从头到尾再看一遍，这样复习效果并不很好，我们感到要注意下面几点：

首先要确定复习什么课程，什么内容，什么范围：这方面要根据内容和时间，在内容上紧密联系的几章，或内容上告一段落的几章，应放在一起复习，如物理中静电学，电磁学完了一起复习，就较为恰当，在时间上根据情况把各门课，排一个复习的先后次序，然后把这些每天节余下来的时间集中使用到这门课程的复习上去，其次，对复习不是单纯复唸一遍，而必须在提高一步的原则下进行，如何提高一步呢？对于课程中还有夹生、不深不透的内容的就要仔细读书，找出模糊的问题归纳问题，通过自己的思考解决这些问题；对于已经完全掌握了、理解了的内容，就可以结合读适当的参考书把重点内容提高一步，扩大知识范围，往往知识面扩大理解也就更深入更灵活了。对于大部份同志来说往往是基本上掌握了，这就要通过复习把知识作进一步系统提炼的工作，这主要根据知识的系统，内容上是平行的、对应的，可用对比的方式，这样可以比较他们的共同规律和不同点，如对物理中等压、等容、等温、絶热，多方过程中的压强、体积、温度、功、热量，内能之间的变化关系就是这样。另一种情况是在内容上串连的，有一条发展的思路，这就要用串联的方式把它们连贯起来，这样可以抓住整个内容的核心，如物理中从麦克斯韋速变分布律到压强公式到门克方程，就是这种情况。同时把已经掌握记忆的略去，从复杂的推理过程中推出思想，这样去粗存粗，精简提炼，就能进一步理解和记忆。第三、复习是看书好？还是看笔记好？我们年级现在普遍的一种行之有效的方法是复习过程中结合做小结，一边看书或看笔记一边就把它们系统起来，

112

记在纸上，这样不仅能使复习速度加快，而且加深了印象帮助了复习，特别是对不习惯钻研课本的同志更有帮助、复习完了小结也就基本上写好了。第四、为了经常的复习，系统自己的知识，我们有的同志常常在每次课前十多分钟内翻一下前几课的内容，系统一下再听新课，也有的同志在听了几次课后就用很短的时间把前后内容联系对比而简单的小结一下，这样做费时间很少，却紧紧的、经常的抓住了知识的系统性效果都不错。

总之，对每门课的重点章节在学期进行过程中能这样的复习整理一次是有很大的好处的，我们认为根据基础课的特点，在学习中自觉的注意运用上面二个方法，对学习是很有好处的。

上面这些意见正根据我们年级的具体情况在这几个学期学习过程中一些体会，提出来供大家参考。

后　记

为深入贯彻习近平主席训词和重要指示精神，传承发扬"哈军工"办学治校的优良传统，充分发挥档案工作存史资政育人的作用，编写组对国防科技大学档案馆馆藏军事工程学院时期的 17000 余份文件进行认真筛选，精心选取 26 篇档案文献，力求以第一手资料全面、客观地反映军事工程学院时期教学工作面貌。

我们严格遵循档案文献编纂原则，尊重历史，求真存实。编写组通过研究考证，对原文献中的错误之处予以订正，例如，选编档案记载的是"电工教授会主任李芯""机械工艺学教授会主任张凤冈"。编写组通过查证相关资料发现，"芯""冈"实为错误记载，二人真实姓名为李宓、张凤岗。

本书选编的档案文献，涉及机密资料 2 件、秘密资料 9 件，定密时间跨度为 1953 年至 1962 年。根据《军队保密条例》相关规定，本书所有涉密资料保密期限已满，经保密审查，本书选编内容均可公开。

在成书过程中，国防科技大学政治工作部、电子科学学院、军政基础教育学院、出版社的领导、专家对书稿提出了许多宝贵意见建议，使我们获益匪浅，在此一并表示诚挚的谢意。限于时间仓促，本书难免存在不足之处，恳请读者批评指正，我们将不断修订完善。

本书编写组
2023 年 8 月